D1479800

AMAZONIE

DU MEME AUTEUR

Editions Denoël

Journal d'un être humain, 1961.
Yo - *Bourse del Duca*, 1964.
Omega, 1966.
Mort d'un Grec - *Prix Roger Nimier*, 1970.
Soleil vert, 1971.
Moi, le Serpent, 1974.
Les Yeux d'Orphée, 1978.
Terres d'Egée, 1981.
Photos de Jean Cella.

Editions Sud

Le Vaisseau fantôme, 1984.

Editions Ramsay

Le Garçon écorché, 1986.

ROBERT QUATREPOINT

AMAZONIE

Editions Ramsay
9, rue du Cherche-Midi
75006 PARIS

© Editions Ramsay, 1990
ISBN 2-85956-816-6

ELDORADO

Celui n'est eschappé,
qui traine son lien.

Henri Estienne

Pour la cinquième fois, nuit et forêt vierge se prirent comme deux vastes femmes inextricables entre les pubis desquelles ils se seraient perdus. Il eut le sentiment qu'en ce lieu qu'ils venaient d'atteindre la nuit et la jungle avaient leurs parties centrales, et qu'elles les rapprochaient pour un simulacre du coït. Il voyait, dans la végétation sexuelle tout émue autour d'eux, fleurs noires et étoiles blanches rouler ensemble et commettre un péché cosmique dont l'homme n'avait probablement pas le droit d'être témoin.

Des glapissements montaient vers les fosses de lumière foncée ; du chèvrefeuille, ou des feuilles aspirées vers le haut, ou des ailes, grimpaient à vive allure autour d'évanescentes colonnes. L'étrange clarté qui cercle la tête du Seigneur Jésus dansait ici toute seule, et des échanges s'accomplissaient, du bleu pénétrait dans du noir, bruits et voix s'entortillaient à des formes en extase.

Pareille bacchanale, observée du dedans, du cœur même, lui apparut alors comme la seule vraie raison pour laquelle ils n'en sortiraient pas vivants.

Pedro toucha ses pieds nus, des bêtes écorchées, enflées, fongueuses, augmentées d'il ne savait quoi dans l'obscurité, grasses de latex, de pus et de sang. Des bêtes, oui, qu'il avait dû mortifier sans relâche, qui avaient l'air d'être mortes et de déjà pourrir entre l'humus et l'os.

Il regarda rouler les yeux blancs de Julio. C'était extraordinaire à quel point les globes oculaires brillaient et tournaient dans ce four nocturne ; il se dit que Julio, certainement, voyait luire les siens avec la même intensité. Et il pensa aussi que, leur éclat continuant après la mort, ils devaient constituer un fameux repère pour les urubus guettant dans les ténèbres.

Il fallait assurer une installation sommaire pour la nuit, surmonter son épuisement. Ils se levèrent, allumèrent la torche enduite de résine, qu'ils fichèrent dans

8

l'humus, suspendirent leur hamac entre deux troncs et s'y étendirent sans même broncher sous l'assaut de milliers d'anophèles, tant la fatigue les poussait vers l'anéantissement du sommeil.

La torche au préalable éteinte libéra un serpent bleu qui prit son vol.

C'est après avoir résolu de poursuivre seul son chemin et être à demi sorti du campement que Pedro distingua la forme au pied d'un arbre. Elle était accroupie, enveloppée d'une robe blanche de moine dont le capuchon rabattu lui dissimulait le visage. Quand il fut debout devant elle, la forme rejeta le capuchon et se révéla jeune fille de race blanche, présence en Amazonie aussi mythique, légendaire, introuvable que l'or. La robe de moine à son tour lui apparut être, plutôt, une sorte de manteau, ou bien un simple imperméable, car la jeune fille en écartait les pans. Elle fit même glisser les deux parts du vêtement derrière ses épaules, si bien qu'il vit sa poitrine nue saignée en échelle, c'est-à-dire suivant une ligne médiane légèrement déviée. Les incisions obliques aboutissaient bien à un sillon collecteur incliné qui passait sur l'abdomen — la jeune fille était nue comme un tronc écorcé — et se terminait par la *tigelinha* de fer blanc suspendue par une ficelle sous la fente du sexe. Il y avait du latex recueilli dans la tigelinha. Seulement, deux voies d'écoulement étant dans le bas si bien confondues, il n'était pas sûr que ce ne fût point de la sève de femme. Comme il était nu, il eut une érection fantastique. Jamais il n'avait conçu, lui qui avait vécu dans la crainte pieuse du péché et la totale privation, qu'un tel sentiment de triomphe l'emplirait à pousser cet arbre charnel vers un regard béant, à le brandir, à l'amplifier avec la démesure et la majesté d'un grand cèdre, à arroser d'un flux de latex humain ce pur visage comme il en avait deviné quelquefois, angéliquement voilés, dans la pénombre d'une église de Natal. Cependant, à y bien regarder, la face était plutôt celle de Gaëtano Alvarez qu'il avait tué d'un coup de *machete*. Le manteau s'était refermé sur lui, mais soudain des épines en transpercèrent l'étoffe de toutes parts, à croire vraiment qu'un buisson naissait du corps d'Alvarez et se frayait passage. Hérissé tel un porc-épic, Alvarez se courba devant lui pour lui laver les pieds, une petite mare les séparant. « Me laver les pieds, à moi ? A moi ? », s'entendit-il protester, mais l'homme continua son office en s'y prenant de si dévotieuse manière, de la part d'un contremaître, qu'il ne voyait plus de borne à sa honte.

La démence vocale des singes hurleurs commença quand l'orbe, qu'ils étaient seuls à voir, avec les japus noirs et les perroquets verts, des hautes cimes en fleurs arracha à la nuit l'Amazonie ; quand ce qui devait sem-

10

bler d'en haut un colossal et multiple reptile argenté leur apparut dans l'exercice de son avance vers la mer, au milieu de la vastitude et de la couleur verte fondues à l'infini.

Le jacassement souleva Pedro par les cheveux.

Sans rien se dire, ils décrochèrent leur hamac, le plièrent, le mirent en sac avec la torche. De la poche dorsale du sac, Pedro sortit de la viande séchée, la farine de manioc, sa calebasse, qu'il alla emplir à demi au fleuve pour y diluer une poignée de farine et faire un xibé. Julio, dépourvu de récipient, happait la poudre au creux de sa main.

A l'essaim de moustiques qu'endormait l'aurore succéda celui qu'elle éveillait : phénomène contre lequel il n'y avait pas lieu de se révolter, illustrant sans plus la différence du mode de vie chez les insectes, mais dont il était impossible de nier qu'une mystérieuse intelligence perverse l'eût à son service. Il entrait en cette relève, cette retraite des organismes repus et cet assaut des organismes avides, quelque chose de démoniaque, prémédité dans un grand cerveau. C'était pour eux s'insurger sans espoir contre le sadisme de l'enfer et en même temps le réjouir et l'exciter, que de se battre le corps ainsi, se donner les verges à eux-mêmes, Christs pouilleux, sans croix, sans chemin, les deux larrons. A travers les nuées, Pedro regarda encore ses pieds sanguinolents, tuméfiés, incapable de croire qu'ils pour-

11

raient lui permettre deux enjambées pour se rafraîchir au fleuve. Or il se leva, prêt à une marche qu'il savait longue de plusieurs jours.

Il portait en tête un lumineux cancer : Moura, petit embarcadère en amont du rio Negro. Moura croissait sous son crâne et se répandait en contournant les blocs de haine. Il était tenté de parler à Julio de ce hameau, qui proliférait en eux, et d'autre part il en gardait le nom derrière ses dents avec un sentiment noir et douceâtre de possession inviolable, de même qu'on veut à la fois confier son mal et le taire, le laisser au chaud en soi pendant qu'il nous dévore.

Moura constituait l'unique chance de survie, ou bien Carvoeiro, plus en amont encore ; l'obsession cherchait une issue. Cependant, Pedro répugnait à l'épancher, bien qu'il en éprouvât le besoin presque organique. Lui était malade de Moura depuis longtemps, Julio contaminé. Lui seul avait réalisé le dessein que tant d'autres, timorés, nourrissaient sans agir. Depuis le meurtre d'Alvarez jusqu'à ce cinquième campement, Julio n'avait pas cessé d'être un comparse involontaire, avec qui partager l'angoisse aurait eu goût de déchéance.

Moura recouvrait tout en lui, sauf la haine tant de fois justifiée qu'il l'étendait au genre humain, à l'univers et encore au-delà.

Il allait en premier, sans qu'il fût nécessaire de se servir du machete. Les troncs montaient en colonnes d'église, de tous styles inventés et rassemblés pour sa primordiale église par un dieu saisi d'emportement. Pas de voûte, sinon celle qu'accumulait le feuillage, impénétrable à la lumière mais ouvert à la pluie ; pas de dalles : une couche de plantes et de bêtes mortes cédant sous le pied ; ni vitraux, ni meurtrières, pas de portes non plus, si ce n'était ces brèches successives derrière lesquelles le fleuve avait un éclat d'apparition miraculeuse. On comprenait bien que tout cela ne menait à aucun sanctuaire, à quelque chose sur quoi l'ensemble aurait convergé — l'Eldorado, peut-être ? — et que rien ici n'obéissait à une ligne directrice. Le parallélisme même des lignes, qui est le fait d'une volonté dans un ouvrage humain et la marque d'un plan, signifiait ici hasard, multipliait sans fin l'expression d'une suprême folie. Eglise illimitée n'ayant que des colonnes pour ne rien supporter et du vide entre les colonnes, la forêt provenait encore tout humide et noire du cauchemar d'un démiurge. Que tout ici échappât aux lois communes, cette obscurité sous un soleil féroce le prouvait, ce silence total où foisonnait la vie. Oui, c'était bien là l'immense demeure interdite, fatale à l'homme qui veut tout s'expliquer. Ainsi, ce gigantesque et somptueux papillon venant lui aussi apporter une preuve, ce *Morpho hecuba* déployant ses signes magiques, jaune, noir et

13

argent, n'était-il pas une âme, n'était-il pas un message, une autre forme de ce qu'il est vain de vouloir
élucider? Il planait parfois dans la pénombre, brillant
de tant de ténébreuse beauté que seulement le voir ébau-
chait la déraison.

Heureusement que le fleuve montrait par intervalles
son plan d'eau miroitante sous l'air libre; voie d'évasion, qui n'en était une pour le fugitif qu'avec un
moyen de naviguer. De tous les possibles pouvant surgir de chaque courbe à chaque instant il tirait sa séduction aveuglante. Se déplacer dans son monde à lui, le
fleuve, ce n'était plus indéfiniment mettre un pied devant
l'autre selon la loi qui assujettit les primates, mais glisser
sans heurts entre l'onde et le ciel, parcourir, étendu au
fond du bateau, la splendeur des cieux d'Amazonie à la
manière d'un ange.

Pedro pissa contre un grand arbre, un piranheira, lui
sembla-t-il. L'urine éclaboussa le machete et ses pieds.
Il n'en pouvait plus.

Monotonie incessante, chaleur, pénombre, silence, le
tuaient lentement avec l'actif concours des anophèles.
Par-dessus la voûte bien dense, le soleil ivre de triomphe
crevait ses chancres pleins de feu. Ici, on était abrité,
mais l'espace manquait, le vent ne pénétrait pas, qui
remontait le rio Unini dans les limites de ses rives.

Alors la chaleur dégorgeait de toutes parts, suintait, suppurait, se vautrait en elle-même comme un porc dans ses excréments. La chaleur prenait de la densité en se brassant toujours, au point qu'elle devenait sirupeuse et collait la paume portée au front. Plongés dans ce sirop brunâtre, la vie se taisait, bouches et pores poissés, les plantes naissaient sans couleurs, les bruits avortaient; eux se réduisaient en l'état d'êtres humains confits.

Julio but à même le fleuve, dans un bassin à l'écart du courant. «Plus on boit, plus on transpire, et plus on boit», pensa Pedro qui savait cela, que l'excès d'absorption de liquide provoque des sueurs surabondantes augmentant encore la soif. «Tant et si bien que», déduisit-il, quelque peu abruti, «la perte d'eau étant chaque fois supérieure à l'apport, un homme devrait finir entièrement déshydraté pour avoir trop bu.» Mais il s'en foutait. Le derrière de Julio sur le second plan du fleuve argenté lui parut d'un grotesque accablant. Cette vision acheva l'affaissement de ses traits; il resta là sans détourner les yeux, face au derrière, dans une autre dimension que celle du rire et du mépris.

Ne plus marcher, ne plus perpétuer la cadence lourde de l'avance en sous-bois, avec presque l'automatisme de la fonction respiratoire, fit resurgir la hantise: Moura. Il ne se rappelait pas avoir distingué de cours d'eau secondaires, de ce côté, en remontant l'Unini par bateau. Il est vrai que certains, assez étroits, pouvaient être masqués à la fois par les herbes et les branchages retombants. D'ailleurs, son attention ne s'était pas arrêtée à ces détails ; il avait glissé, en même temps que le vapeur sur l'eau brune, dans une lente méditation venimeuse.

Or, s'il existait, cet *igarapé*, saleté de rivière toujours profonde, infestée de longues formes gluantes dont on ne savait si elles appartenaient à des plantes, à des anguilles ou à des serpents — entre Moura et lui ? C'en serait fini de Pedro, qu'attendraient ici l'eau mortelle et là-bas le fusil des factionnaires. Il ne savait pas nager.

Cette impulsion : demander à Julio s'il se rappelait avoir vu un cours d'eau, combattue, rentrée par ce mépris s'épanouissant en crises, cette répugnance forcenée à se commettre avec un métis !

Il était tout de même allé au collège, lui, et à l'église !

Julio, assis, attendait qu'il se levât. C'était un *caboclo*, avec un pantalon, une chemise et un chapeau. Autant dire : rien. A peine vibrait-il d'une existence distincte, au milieu du chaos végétal tout prêt à l'ingurgiter, puis à le régurgiter, à le roter, à le rendre par bouffées nauséabondes. Sans lui, Pedro, ne resterait-il pas ici même où la halte l'avait placé, sur cette terre engraissée de ses pareils, auxquels il semblait en toute occasion moins fatigant de simplement s'endormir ?

Il les connaissait bien : veules et fatalistes.

16

Quelle pourriture qu'un homme à qui manque jusqu'à l'espoir !

Pour se mettre debout, il dut soulever le plafond de la chaleur et ses oreilles tintèrent.

Oui, c'était vraiment l'originelle église, dont les colonnes déployaient haut et franc tous les styles : uni, rugueux, strié, moucheté, raviné, en lamelles, en ailettes, en écailles, à raies, à pelures, cannelé, roussâtre ou ivoire, orange ou carmin, noir ou sanglant et mille autres encore, divers par le dessin mais fondus dans leurs couleurs assombries. Cette église qu'ils parcouraient, c'était celle d'avant la prière, d'avant les hommes, bâtie, ou plutôt plantée d'un seul coup de la bouche de Dieu, dans son immensité et son détail, comme cent millions de lances, acte d'intimidation gratuite et colossale. N'étaient-ils pas perdus corps et âme, où les troncs même portaient des cônes épineux, se dédoublaient sous forme d'anacondas entrelacés, répandaient des odeurs de cadavre, jaillissaient en tuyaux d'orgue, descendaient en trachée-artère que terminaient d'énormes bronches membraneuses, comme si quelque monstre avait été là égorgé ?

Pedro s'arrêta. Il inspecta des yeux le décor, étonné que chaleur et ténèbres fussent compatibles. Le fleuve clignotait à travers une végétation close, arrondie en forme de corbeille. Tout s'épaississait, le chaud et le sombre. Moins le soleil entrait, plus rageait la fournaise dans son espèce de vautrement et d'enroulement puants de bête prise au piège.

Il ne put se rappeler à présent le nombre de jours qu'ils avaient vécu, fuyards. Combien de jours il allait falloir encore, c'était une estimation à laquelle le cerveau se refusait.

Pedro ne pouvait que laisser son regard errer dans la haute nef verdâtre, sans terreur. Cependant, il discernait derrière lui le bruit de feuilles remuées que faisait Julio. C'était cela seulement qui subsistait de lui : ce regard morne, où la grandeur de la monstrueuse église se déversait ; cette perception d'un bruissement.

Enfin, il s'agita dans la fange du temps.

Avec le début de la fraîcheur, au crépuscule, lui revinrent des notions éclipsées. Pour la sixième fois ils allaient installer leur campement de fortune, suspendre leur hamac, dormir sans moustiquaire, piqués, mordus, grelottants. Et pour la sixième fois aussi — mais combien de milliards de fois avant qu'ils fussent au monde ? — la cathédrale aux piliers et voûtes évanouis entrait dans sa métamorphose. Nuit et forêt se cherchaient, excitées. Des rayons de lune plongeaient dans des sexes de plante ; des étoiles congestionnées étouffaient ; une foule d'anus s'ouvraient, exhalant leur puanteur fauve ; alentour se déplaçaient des lianes, par quelque mystère préhensiles, à la recherche d'un objet ; une chose fluide électrisait les écorces.

Des regards guettaient, ou giclaient en ligne droite, énormes, blancs, rouges, verts. Mêlés aux sanglots, pets, éructations, gloussements, soupirs, dont Pedro ignorait l'origine, prenaient part à l'orgie sonore des cris qu'il avait appris à reconnaître : ce choc de marteau sur une enclume, celui du ferrador ; celui de l'oiseau fantôme, éclat de rire à glacer le sang ; le coup de sifflet tremblé de la sururina ; du chat-huant le bruit de déchirure d'un rideau ; le son que l'on produit en remontant une horloge, qui venait du *ferreirinho* ; l'appel strident de l'oiseau-trompette.

L'esprit devait admettre sans sombrer que de simples volatiles engendraient ce fracas d'usine.

Il ficha la torche en terre, l'alluma, suspendit son hamac. Mais, soit manque de courage pour y grimper, soit parce que des images mortes réclamaient l'exhumation, il se sentit de la répugnance à agir et l'envie de songer. Assis à même une racine humide, dans une position dont l'inconfort lui apparaissait mal, Pedro sortit en effet de la terre du temps des images venues affleurer. Lui, petit garçon devant une cabane en tôle, Etat du Rio Grande do Norte. Ses parents viennent de se décider à émigrer. Avec eux il va partir pour Natal. On charge de pauvres affaires une charrette, qu'on tirera à bras. Un vent aigre culbute des buissons et les roule à perte de vue.

Julio grogna dans son hamac. Il vit sa forme blanche, sale, repliée, à travers les mailles.

Il produisit un immense effort pour se coucher.

L'image revint alors, spectre plus fort que les autres : lui, petit garçon, devant une cabane en tôle, Etat du Rio Grande do Norte. Une région productrice de main-d'œuvre, d'où venait une bonne part des ouvriers crevant en Amazonie. Au fond, il avait pris le même chemin que les autres.

L'école. Son père, quoique journalier à Natal, loque-teux transformé par ce bienfait : un salaire, l'avait placé chez les jésuites. Ce qui lui avait tout de même permis, dès sa sortie de l'internat, de trouver un emploi de commis aux écritures dans un dock. Au moins, disait son père, lui serait-il épargné les rudes tâches, crasse, sueur et colère, le triste sort des pères qui ne doit point échoir aux fils. Hommes de peine, c'est toujours ce qu'ont été les géniteurs ; ce que les enfants ne devien-dront pas, ne peuvent pas être, grâce au progrès.

Une période étrange : au demi-jour du bureau succé-dait la pénombre de l'église, sans plus de transition que celle qu'imposait le parcours de l'un à l'autre. Tout juste prenait-il le temps d'emplir ses poumons d'un air moins vicié, pour aller, quittant sa paperasse, goûter sous les voûtes noires la sensation double de l'envol et de l'écrasement. Dieu le vidait après que les marchands l'avaient pressuré. Seulement, de ce que Dieu (ou la croyance qu'il avait en Dieu) lui enlevait, il n'était pas conscient. C'était même, dans une certaine mesure, cette plénitude éprouvée au sein du dommage qui lui faisait prendre la servitude pour une faveur.

Le grand commerce daignait s'assurer ses modestes services, et Dieu condescendait à visiter sa chétive personne.

Au vrai, d'une part il perdait sa santé et à jamais la disposition naturelle à considérer sainement une femme, de l'autre il perdait ses chances de mieux vivre.

Hâve, pitoyable, rat de bureau, rat d'église, sans cesse dans l'un ou l'autre de ses trous, épouvanté par les pécheresses, tel il était.

Puis, l'emprise de Dieu avait faibli, la nef de la vieille église baroque, cessé d'émouvoir. Relâchement qui avait eu pour conséquence une plus claire notion des rapports avec les employeurs. Leur ladrerie soupçonneuse, leur surveillance tatillonne l'exaspéraient, et c'est alors qu'il avait eu la conviction que certaine tête dont on hérite prédestine au commerce, ou bien que le commerce identifie les têtes de ceux qui s'en nourrissent. Il lui venait des rêves où ces têtes toutes similaires, avec faux col gras et besicles, brûlaient au soleil des campos, fichées sur des piques.

Il n'était plus le même, sauf quant à sa crainte des femmes, à ce sens morbide du péché, inculqué contre paiement par les jésuites pour brimer les cinq sens dont la nature l'avait pourvu gratis.

On l'exploitait ; sans aller jusqu'à penser qu'il échapperait à l'exploitation, il espérait la rencontrer ailleurs moins abusive. Il devait y avoir des degrés de voracité chez les vampires.

L'Amazonie en pleine effervescence réclamait des bras. C'était là-bas la ruée vers les hévéas, toujours plus loin, toujours plus en amont des cours d'eau navigables, frénésie dévorante qui négligeait les richesses d'accès plus commode pour satisfaire son élan. De par le monde on demandait la fabuleuse substance que seules les forêts du grand fleuve pouvaient fournir. Dès lors, il y fallait des hommes, encore des hommes, le nombre d'arbres étant incalculable, la demande mondiale de jour en jour grossissante. La rumeur courait qu'à chaque ouvrier le patron payait cher sa récolte, tant lui-même était assuré de gains exorbitants. Cette grande aventure du caoutchouc n'était-elle pas l'événement unique grâce auquel la malédiction des ouvriers allait enfin disparaître ?

Beaucoup étaient partis, déjà. La plupart avaient émigré à l'époque où ses parents, après avoir tiré la charrette dans les campos maigres, s'étaient contentés d'un taudis à Natal. Epoque de sécheresse, dans l'Etat du

Rio Grande do Norte, qui avait perdu sa jeunesse par bateaux pleins, cela faisait dix ans.

Qu'importait cette avance qu'ils avaient prise? Plus que jamais, l'Amazonie accueillait des forces nouvelles. Là-bas devait exister la seule chance qu'eût un homme courageux d'amasser un pécule, sinon une fortune.

La porte claquée au nez des marchands, il avait avisé son père. Autrefois celui-ci était descendu des campos à Natal : sa grande détermination, son voyage fou et nécessaire. A son fils, maintenant, d'aller de Natal à Belém, puisque le progrès voulait aussi que les enfants aillent encore plus loin.

Il avait pris l'*Alagôas*, un rafiot.

Les moustiques nasillèrent en nuages serrés. Un nouvel essaim, ou bien reprenait-il conscience du réel? La torche toute petite étrécissait son gland rouge à l'intérieur d'un ventre considérablement distendu.

Des écroulements ébranlèrent la cathédrale. Il courut vers la petite porte latérale par laquelle ils s'étaient introduits : obstruée. (Les autres issues étant aveugles.) De retour dans l'allée, il vit que toute la coupole avait cédé et séparé du transept la niche où sa petite amie un instant à l'écart admirait une madone. Elle était sans doute morte sous les blocs! Il appela et entendit crier son nom. Vivante! Mais l'éboulis fermait totalement la chapelle. De nouveau, il courut vérifier si la petite porte pouvait être dégagée : des titans n'auraient pu mouvoir de tels monstres de pierre. Ainsi, ils allaient mourir lentement, séparés. Aucun secours possible. Cette cathédrale était enterrée. Lui seul en connaissait l'emplacement. Il l'avait découvert par hasard en gardant ses chèvres dans les campos. C'était peut-être l'ancienne cathédrale Sainte-Rose de Lima, murée puis ensevelie jadis parce qu'on y avait reclus des gens atteints de la peste. Il y avait amené la jeune fille (avait-elle vingt ans ou douze ? — il ne s'en souvenait plus) sous le prétexte de lui montrer des statues baroques, en réalité pour lui dire : Je vous aime. Un grand trou, très haut, s'ouvrait sur les taillis et répandait une clarté verte. Il revint au mur accidentel, derrière lequel l'emprisonnée l'appelait. Ils allaient mourir de faim, de soif, languir à même les dalles, refroidir contre la pierre, en s'appelant de moins en moins, alors qu'il aurait pu leur être accordé cette consolation, toutes entraves morales et religieuses tranchées, de copuler jusqu'à épuisement, sans leurs linges très catholiques jetés parmi les squelettes, et d'expirer nus, l'un dans l'autre. Alors le temps s'écoula comme du pus. Une éternité passerait avant leur mort. Ses yeux béants fixaient le cercle vert, ce bol renversé plein d'arbres à contre-jour. Nu sans savoir comment, gamin nu, il frappa le mur avec un long crucifix en fer. Il fit un trou de la grosseur du bras, à travers lequel il demanda : « Etes-vous blessée ? — Non », répondit une voix frêle.

« Nous allons mourir, déshabillez-vous », dit-il. Le froissement des étoffes lui parvint, puis le silence d'un être qui a obéi. « Etes-vous nue ? », demanda-t-il, tremblant. «Oui. » Il voulut l'engagement irrévocable dans la mort, puisqu'ils étaient condamnés. « Passez-moi tous vos vêtements. » Un par un, elle les engagea dans le boyau. Il les tira à lui, les déchiquetant aux aspérités ; il en inventoria le tas à ses pieds, sous la lumière verte : petit chapeau, robe, jupon, bas blancs, bottines, gants, culotte, mouchoir de lin. (Elle était donc en son tombeau noir comme elle avait été dans son berceau.) Il y ajouta ses habits et alla jeter le tout par l'ouverture circulaire d'une crypte ou d'une oubliette. Vite revenu, il lui dit : « Placez votre sein contre le trou. » Son bras progressa, meurtri, au point que l'angle de la pierre lui entaillait le flanc. Il toucha les fins granules froids du sein gonflé au seuil de la galerie. Cela lui fit retirer son bras tant le désir l'oppressait, reprendre le crucifix en fer, battre la muraille. Mais le passage n'avait été creusé qu'au travers de gravats friables entre deux blocs. Il s'acharna sur lui sans l'élargir. Alors, avec un brame de désespoir il se plaqua en croix contre le mur, le pénétra comme une femelle de pierre interposée entre la femme de chair et lui. Les cassures aiguës du granit lui coupaient le pubis. « Votre main, votre main ! », implora-t-il. Il attendit, écartelé et saillant, brûlant et glacé ; il entendit de l'autre côté de la paroi une respiration haletante, les plaintes d'un effort qui incompréhensiblement s'exerçait en vain, puisque sa verge pointue de puceau allait tant qu'elle pouvait dans le conduit lugubre, à la rencontre d'un bras aussi mince que le sien — trop court pour toute l'éternité.

La sauvagerie vocale des singes le souleva comme une marionnette. En contact avec les végétaux décomposés il avait passé la nuit, là même où les images de Natal avaient décloué leur cercueil. Peau et chemise constituaient une seule couche molle, tandis que ses pieds prenaient la consistance des ballons.

Julio pesait au creux du hamac, les yeux ouverts ; il avait l'air d'un mort, d'un genre nouveau de poisson mort, mis à macérer dans la saumure. Sale caboclo sans foi ni loi, sans feu ni lieu, sans même la mémoire de sa mère, il attendait que lui, Pedro, s'éveillât pour bouger. Qu'avait-il à faire avec ces spectres ambulants, dont les voies de chemin de fer, les lignes télégraphiques, les mines, les carrières, les *seringaes*, grosses mangeuses de main-d'œuvre, et enfin l'Amazonie, fosse commune inondée, étaient la destination somme toute naturelle ? Si Julio survivait, c'est parce que lui avait une résistance d'âne, et il en conçut de l'irritation.

Il se dressa sur l'humus, vraiment à la manière d'un vieil âne recevant un coup de fouet.

De son sac il tira la calebasse et la farine de manioc.

Il alla jusqu'à un trou d'eau en bordure du fleuve, y puisa, délaya, but son xibé. Soudain, sans qu'un bruit quelconque lui eût donné l'éveil, il tourna les yeux vers la lumière et aperçut le vapeur descendant à Manáos. Silhouette bien connue, en parallélogramme, comme si la force du vent en proue l'avait à la longue inclinée ; de plus, toute divisée horizontalement par les étages des ponts, et enfin surmontée de la haute cheminée oblique : le *Solimoes*, analogue à tant d'autres bateaux qui transportaient les seringueros à pied d'œuvre et repartaient avec leur cargaison de gomme.

Ce rafiot glissant sur l'eau brune, effectuant un voyage aussi aisé que celui d'une barque sur la rivière du dimanche, si près d'un monde où pourriture, ombre, venin entrelaçaient leurs menaces de mort masquées, lui fut la Sainte Vierge apparaissant dans son paradis. Cela quelques secondes. Puis il se rappela qu'un même bateau l'avait monté en enfer, et le *Solimoes* à la fois maudit et béni rejoignit le Christ de Natal dans l'amoureuse aversion qu'il lui vouait.

Il revint au sac, rangea la calebasse. Ses yeux poignardèrent Julio qui attendait bêtement, de la farine autour de la bouche. Il se sentit dilaté par la haine. Pour un peu, il l'aurait tué. Les hommes, les Christs, les bateaux sauvaient et tuaient. La forêt aussi. Tout exerçait le mal, de la plante jusqu'à Dieu.

Il manqua ployer sous la charge. Anophèles et autres

insectes venimeux avaient couvert ses jambes et ses bras de plaies dégénérant en tumeurs, inoculaient la malaria, le *vomito negro*, pompaient le sang, féroces, enragés. Et les singes, là-haut, ouvraient leurs gueules d'hystériques au spectacle du soleil, le cul dans les fleurs.

Déjà, la chaleur pressait leurs corps comme des éponges, tout allait se taire, se terrer, s'accroupir, rentrer sa tête pour épier les hommes promis à la hideuse osmose.

Igarapé. Ce mot seul lovait et déroulait ses anneaux, tel un serpent logé dans son encéphale. Mot chargé de plus de terreur encore que surucucu-rana, nom du reptile agresseur, bondissant sur qui passe à sa portée pour lui injecter son venin mortel. Mot exclusif, despotique, suffocant.

Cette peur habitait en lui, incorporée à lui, de rencontrer l'un de ces bras du fleuve, ou bien l'un des canaux d'une vaste embouchure d'affluent, ou alors la simple voie d'écoulement d'un lac, tant il savait l'Amazonie parcourue d'eau comme le corps l'est d'artères et de veines.

N'avoir pas vu, jusqu'à présent, un seul de ces obstacles profonds, le lui faisait redouter chaque fois que la végétation trop épaisse obstruait l'étendue du sousbois.

Et si Julio savait ? Une simple demande, et peut-être en serait-ce fini de ce doute. Mais plus son mutisme avait persévéré, plus s'étaient réduites les chances d'un contact même sommaire. Sa langue avait une gangue. Dirait-il encore bonjour à quelqu'un, le pourrait-il encore ?

D'ailleurs, Julio ne savait rien que manier le machete et boire la bière de manioc : l'esclavage et l'ivresse.

Cela lui avait fait du bien de déporter sa pensée sur Julio. Il avait donc recommencé à avoir des idées. C'est qu'il ne marchait plus : il était appuyé à un arbre, son pantalon sali d'urine, le machete tournant au bout de la corde.

Depuis quelque temps déjà et sans qu'il en eût conscience autrement que par sa fatigue décuplée, la forêt avait perdu son ordonnance de basilique. Non point que les fûts sévères, hauts et sombres, avec lesquels le tapis spongieux et la voûte sans éclaircie s'accordaient pour créer l'illusion d'un édifice religieux fussent remplacés par autre chose ; seulement, des courbes transverses les brouillaient, des jaillissements, des lignes rompues, des entrelacs, des amas les encombraient à la base. Parce que les lianes augmentaient en nombre et en vigueur, parce qu'aux arbres colosses se joignaient maintenant les arbustes, les broussailles, les plantes arborescentes, le sol opposait d'autant plus de débris et de pièges de toutes sortes à une avance qui devenait un supplice. Cependant, la même pénombre pourrissante, la même humidité fétide s'acharnaient, saturées d'odeurs d'écorces desquelles une éraflure, une entaille libéraient l'âme épouvantable : odeurs de cadavre, de poisson avarié, de roses mortes.

Il sentait Julio derrière lui, vie suspendue à la sienne. Il était tellement peu dans la nature de ces métis dégénérés de préférer la mort d'aventure à celle qui venait les cueillir comme des champignons gâtés ! C'était la peur, plus que l'envie de fuir, qui l'attachait à ses talons, après qu'il avait vu l'éclair du machete dans la cervelle de Gaëtano Alvarez.

Etait-ce mépris, épuisement ? Il eut une nausée subite. Ou bien fallait-il voir là l'emprise funeste des fièvres ?

Fièvre jaune et fièvre de la haine étendue à tout ce qui vivait ne se distinguaient plus. Ce fut surtout une rage aveugle à l'égard de l'univers qui le fit taillader devant lui avec son machete ensanglanté de sève. Il ne débroussaillait pas, il tuait à travers la matérialisation d'une folie originelle, ou la création d'un esprit saint, le démiurge absurde et le Dieu de Natal inextricablement enchevêtrés.

Le Parana ! Il était là, rampant comme un traître derrière les lianes. Son cours allait avec la nonchalance brunâtre d'un sirop hors de sa fiole, dans le sens du fleuve. C'était bien un parana, qui décrirait une boucle et rejoindrait plus bas le lit central; et cette terre en face, à la végétation compacte, forteresse de feuilles, était une île.

Il éprouvait une stupeur désespérée devant ce large reptile, plan et profond, dont l'unique ondulation se perdait dans l'ombre avec sa double garniture de serpents.

Sa longue angoisse s'évanouit alors : il vit enfin de nombreux arbres abattus par les orages tendre des passerelles au-dessus de l'eau, phénomène qu'il se rappela avoir remarqué auparavant, assez fréquent pour que les navigateurs en canot prissent toujours la précaution d'emporter une hache.

Julio voyait aussi les ponts naturels, sans oser aller de l'avant, bien que poussé par l'instinct de la bête traquée. Il restait en retrait, le regard porté sur lui, lourd de crainte.

A peine fut-il résolu à affronter le fourré qu'un dernier coup d'œil autour de lui fit qu'il se crut fou, ou victime de la vengeance du Christ cherchant à l'égarer : une pirogue sans occupant flottait sur place, prise dans les hautes herbes, à l'entrée du parana.

Incrédule, il se tourna vers Julio. Le caboclo aussi avait vu. Il se rendit compte que sa propre bouche était béante, qu'elle béait contre sa volonté. Alors, de deux ou trois coups de machete il se procura un bâton pour battre l'herbe et effaroucher les serpents.

Ils progressèrent non sans mal, l'un derrière l'autre mais très rapprochés, car Julio, craignant qu'il ne l'abandonnât, lui avait emboîté le pas.

Peu de distance les séparait de la pirogue. Au creux de celle-ci, Pedro aperçut ce qui pouvait être des paquets de linge souillé. Elle était immobilisée dans une sorte de zone d'indécision des eaux, là où le courant se scindait doucement en face du parana. Déportée, en considérant la force médiane du fleuve, elle n'était pas encore engagée dans celle du chenal.

Ce que Pedro redoutait se produisit au moment où il allait parvenir à ses fins : la pirogue s'éloigna de la berge dans la direction de l'autre, avec une lenteur attentive, semblait-il, à le torturer. Il chancela.

Comme saisi de folie furieuse, il fit demi-tour, bouscula Julio, traversa le fourré sans plus penser au surucucu-rana vert et mortel que la végétation des paranas abrite presque toujours, grimpa sur l'un des arbres couchés avec la rapidité convulsive d'un épileptique, pas même alourdi et entravé par son sac sur l'échine et le machete bringuebalant à sa ceinture.

De toutes les façons qu'il put, entravé par la profusion des branches, il avança sur l'arbre suspendu. En son milieu, un nid de guêpes heurté l'environna d'une multitude de ces insectes, qui plantèrent leurs aiguillons. Il hurla, criblé de souffrance, manquant lâcher prise. C'est exposé aux dards, dont même la toile épaisse du pantalon ne le protégeait pas, qu'il dut continuer, soit en équilibre sur les genoux, soit à califourchon, jusqu'à l'autre rive. Là, il se laissa tomber. Les guêpes tournoyaient rageusement. Ses bras enflaient, son visage gonflait au point qu'il ne voyait plus clair.

Un instant il pensa à saint Etienne, à saint Sébastien. Des pierres, des flèches, des guêpes.

Il courut dans l'herbe sonore et comme électrisée, indifférent à la mort par le venin. Quelques reptiles fuirent devant lui. Enfin, sans comprendre comment il y était parvenu, il fut près de la pirogue captive des herbes, à peine captive, prête à s'évader. D'un tronc flexible, coupé au machete, il se fit une perche. Il la tendit.

Alors la pirogue quitta les herbes. Il la vit dériver en hésitant, regretter peut-être, puis s'abandonner à la large force du fleuve avec cette fois la précipitation joyeuse d'un mauvais plaisant.

C'en était trop. Il tomba face contre terre, un peu pour soustraire son visage aux piqûres de quelques guêpes tenaces, surtout dans un désir enfantin de se créer un refuge illusoire au sein de l'horreur. Mais échapper ne se pouvait pas. Guêpes, anophèles, fièvre, douleur, le partageaient entre elles ; le spectre de la pirogue entrait et sortait; le cancer de Moura fulgurait.

Tout procédait du monstre divin : cette jungle, cathédrale et femelle géante, ces insectes et ces hommes égaux dans l'exercice du mal, cette pirogue suscitée par perversité. Il était allé, ce monstre, jusqu'à s'incarner dans un être humain, poussant les autres à le mettre en croix, afin de gagner par l'attendrissement ses créatures à sa dévotion, afin qu'elles lui fussent assujetties mieux encore, au besoin avec l'aide des conquistadores éventreurs, des missionnaires rapaces, des jésuites qui pliaient à la règle, prêchaient la pénitence, disaient les femmes vendues à un certain Satan. Tuer, diminuer, humilier, tel était son dessein, que servaient les éléments, les phénomènes, les microbes et surtout ses suppôts recrutés dans la race humaine! Ha! Ha! Tout grouillait au creux de la main d'un aliéné!

Il était debout, écumant. Sa haine l'avait relevé, plus puissante que jamais. Elle l'avait relevé, elle le sauverait, sa chère haine. C'était plus que l'instinct de conservation, qui restitue le corps à ses maux habituels. Une force le dressait, lui promettant au contraire les maux qu'on inflige, toute nervurée de meurtres latents.

A quelque distance de là, Julio attendait, un petit nuage de guêpes autour de la tête. Pedro lui enjoignit de passer devant, pour couper les lianes au machete.

A progresser ainsi derrière le caboclo, dispensé de la hargne qu'il lui aurait fallu à l'encontre de la végétation, il reprit son calme puis se perdit dans l'abrutissement de l'avance en pleine chaleur. Ses pieds n'étaient que plaies convoitées par les mouches. Le long de son pantalon imprégné de sueur, d'urine, le machete se balançait. D'un côté il y avait la pénombre voûtée et treillissée, comme celle d'une énorme corbeille close, et de l'autre des trous dans cette corbeille, par où s'introduisaient de la lumière et de l'eau.

Et une étoile tentaculaire au milieu du front : Moura.

Pour la septième — la centième fois ? — nuit et forêt reprirent le commerce confus, la tentative d'orgasme auxquels le dictateur sadique de l'univers les avait condamnées. Il vit plus distinctement que jamais des enroulements de lueurs d'étoiles autour d'arbres livides, des percées lunaires au plus compact d'une ombre chaude ressemblant à des intestins amassés, les recherches et les succions phosphorescentes des pyrilampos, toute une frénésie poursuivie en l'absence du soleil. A cela, qu'il voyait, s'ajoutaient les sons dont on ne pouvait croire que le crapaud, la cigale lumineuse, l'oiseau fantôme et autres bêtes fussent responsables : halètements, soupirs, tic-tac, sifflets, râles, éclats de rire.

Les branches, c'était certain, se détachaient, s'allongeaient et rampaient à l'instar des serpents. Le mouvement de la main amoureuse venait aux lianes. Des gouttes de clair de lune coulaient, latex de la nuit entaillée. Un retournement de l'humus avait lieu, un soulèvement de petites tombes, une apparition de morts, exhumés par des vivants fouisseurs, gratteurs. Haut et bas échangeaient une rumeur de lait noir qui va bouillir.

Lui et Julio tremblaient, voyeurs de cette horrible nuit d'amour, morpions avec un squelette et une âme dedans près de s'éteindre.

Ils avaient pu traverser une seconde fois le parana, sur un grand arbre aux branches noircies abattu par la foudre. De nouveau la forêt vierge, dont ils ne profanaient que la lisière, avait ouvert des antres inviolables, telles des gueules — pour ne pas dire autre chose —, encombrées de fanons, de membranes, de glandes, où entrer c'était être avalé. Tandis que le fleuve Unini déplaçait, lui, son étendue presque maritime aux lueurs glaciales, sans un îlot, sans un fanal. Les deux chefs-d'œuvre de Dieu, pour lesquels il avait créé l'homme ensuite ; l'Eden du Vampire.

Pedro retira la torche de son sac, l'alluma et la planta dans l'humus. Quel réconfort que cette simple flamme ! Les démons, ici, n'aiment pas le feu. A cet instant, il pensa qu'il aimait au moins le feu, et il exécra l'eau, dont on se sert pour le combattre.

A bout de forces, il eut beaucoup de peine à fixer son hamac, où il s'étendit avec une fatigue telle que, de son empire à celui de la mort, la transition serait imperceptible.

Comme il lui parut qu'il allait finir, c'est tout naturellement que sa mémoire encore vive s'exerça à revoir la manière dont il avait commencé.

Il avait commencé à Belém. Ç'avait été là le premier coup de pied dans le ventre à ses rêves de jeune homme et d'émigrant. Bien sûr, la ville où l'avait amené l'*Alagôas* palpitait de la fièvre du caoutchouc, tumultueuse. Beaucoup d'hommes vivaient de la substance nouvelle : exportateurs, capitaines, marins, débardeurs, commis, et les manœuvres qui sortaient des entrepôts les boules de *borracha* en les faisant rouler, et ces autres, deux par deux, qui plantaient dans chaque boule une paire de crochets d'acier, tirant fort chacun de leur côté pour la maintenir, tandis qu'un troisième la découpait en tranches, et qu'un autre encore en examinait la qualité avant emballage ; nègres suants, métis débraillés, Indiens presque nus, surveillants, négociants sous le panama, scribouillards avec leurs livres de comptes, tous liés au commerce de la gomme. Mais il y en avait d'autres aussi, que les rues charriaient comme un fleuve en crue des arbres déracinés. Ceux-ci ne travaillaient pas, n'embarquaient pas, ni pour les provinces du Sud ni pour l'intérieur. Leur troupeau s'écoulait, d'une constante densité, toujours le même.

Comment se faisait-il que l'Amazonie demandât tant de main-d'œuvre et portât au flanc cette masse morte ? C'était le déchet. Il eut tôt fait de l'apprendre, à questionner ici et là, à provoquer des confidences devant une bière de manioc. Ce déchet, c'était tous les récolteurs de latex que leur existence effroyable dans les seringaes, l'engrenage de l'endettement, les fièvres, le béri-béri avaient poussés à fuir par n'importe quel moyen. Et sur le nombre de fuyards, combien de survivants ?

La petite somme d'argent réunie à Natal, l'*Alagôas* l'avait mangée. Il n'avait plus le choix. Il s'était fait inscrire. Son nom couché sur un registre, autant dire que c'était lui-même, virtuellement, couché dans sa tombe. C'est ce qu'il n'avait pu comprendre, alors, bien qu'on l'eût prévenu. La proximité du seringal où il avait choisi d'aller le rassurait quelque peu.

Que l'île de Marajó fût située dans l'estuaire, à peu de distance de Belém, n'empêchait pas qu'elle eût la réputation d'être le plus sinistre échantillon de l'enfer vert, la tête du ténia qu'il ramifiait le long des affluents.

Là, à Marajó, il était devenu une sorte de ferblantier armé, hachette en main, sur l'épaule un sac bourré de gobelets en fer : les tigelinhas. Six kilomètres à parcourir, une bonne centaine et demie d'hévéas à entailler, d'un coup sec et oblique, plusieurs centaines de tigelinhas à fixer dans l'écorce par leur bord tranchant, de bon matin. Trajet inverse en cours de matinée, afin de verser le contenu des gobelets dans un seau, marcher d'un arbre à l'autre avec le seau de liquide blanc : un fermier, cette fois. Puis retour à la hutte, au *defumador* (construit par lui) pour y allumer le feu de bois vert, répandre la gomme sur l'extrémité du bâton tournant dans la fumée, jusqu'à ce que les couches successives de latex coagulé fissent une énorme boule. Un peu le travail brûlant et glacé du forgeron. Ainsi chaque jour : les incisions, les timbales, la récolte, l'enfumage, la façon de la boule de borracha martyrisant le poignet qui la soutient et la tourne. Chaque jour une humidité transperçante, l'étuve et soudain l'averse froide, les moustiques, les serpents. Chaque nuit à ne pouvoir dormir dans la cabane en feuilles, à même le marécage.

Il avait vendu sa première récolte au patron. Celui-ci l'avait payé en marchandises : farine de manioc, haricots secs, viande salée, outils. Mais il lui fallait de la boisson, des vêtements, de la quinine, tant d'autres choses nécessaires. On trouvait tout cela au magasin du seringal, et le patron prêtait de l'argent pour les achats. Ainsi l'escalade infernale commençait, un esclavage qui ne portait pas son nom, savamment mis en route et continuant de lui-même avec une ampleur progressive, comme la boule de borracha qui grossissait de plus en plus vite à mesure que sa surface augmentait.

A la première dette contractée répondait une production accrue, dans l'espoir de l'acquitter. Mais si le patron payait quelquefois, et partiellement, en espèces, s'il promettait des espèces, il n'en restait pas moins attaché à ce troc obligatoire qui assurait ses profits. Le travail plus intense du seringuero accroissait sa fatigue, amoindrissait sa résistance aux maladies. Lesquelles exigeaient des remèdes. Souvent le désespoir venait, avec son comparse l'alcool. La dette enflait comme un abcès noir, que la mort seule débridait. On était tenu quitte avec son dernier soupir.

Seul moyen de survivre : la fuite. Bien entendu, le patron veillait, qui postait des sentinelles aux limites du seringal. Pas question, ici, de vouloir contraindre un employé ; d'esclavage, point — il était aboli depuis 1888. On appréhendait un débiteur. Celui-ci était battu, renvoyé à son *estrada*.

Lui, il avait pu joindre la côte salubre de Marajó. En échange de tout ce qu'il portait ayant quelque valeur, un batelier l'avait pris à son bord et débarqué à Belém.

Il avait trouvé un emploi de gratte-papier, grâce aux jésuites. Besogne de courte durée, puisqu'il s'était retrouvé, le mois suivant, le derrière sur une borne, face à la jaune embouchure et plus loin l'océan bleu, au-delà duquel il inventait une autre Amazonie.

On recrutait pour tracer la ligne du télégraphe Belém-Manáos. Expérience dont il allait se souvenir. Il s'était enfui encore, avec sa main droite comme une baudruche autour du machete, de la poudre végétale dans les yeux, à demi aveugle et voyant horriblement clair. Dès cette période, son espoir n'avait plus que sauté, en crapaud, d'une chance immédiate de survie à l'autre, dans un monde d'éléments et d'hommes décomposé comme suit : marécages, vampires, cadavres.

D'occasions de gagner sa pitance il ne s'était plus présenté, dès lors, que celles qu'offrait l'exploitation de l'hévéa. Tout édifié qu'il fût sur la manière dont cette exploitation était menée, qui se doublait d'une autre, il n'y pouvait échapper. En cela résidait l'unique ressource de la multitude affamée que l'Amazonie avait prise au piège. Le prix du caoutchouc plafonnait ; on faisait circuler le bruit que les patrons, maintenant couverts d'or, rétribuaient au prorata. Une fois sur place, les ouvriers déchantaient vite : c'était le servage tout net avec sa seule issue, la fuite, ou bien, dans le meilleur des cas, un salariat arbitraire qui assurait juste l'argent du retour, quand le seringuero doit changer d'air à la fin du *fabrique*. Puis, au bout d'un certain temps mort dans une ville, si l'évasion s'était bien terminée ; après la saison des pluies, s'il y avait eu départ en règle, tout recommençait. Tel seringal éloigné jouissait subitement d'une bonne réputation, alors qu'on n'en avait jamais entendu parler. Aux fables des recruteurs s'ajoutait volontiers l'espoir absurde du pauvre, puisque aussi bien la misère le contraignait à s'inscrire.

Seize ans ! Seize ans de son existence avaient pataugé le long de l'immense épine dorsale putréfiée de l'Amazone.

Ayant vu maintes fois comment le pus s'écoule d'un abcès, il sut à quoi ressemblait l'effusion de ses souvenirs. Ce n'était point signe, ici, de guérison, car l'abcès était sa vie même.

Il sentit son corps très lourd dans le hamac, sans pieds. Une image de lui-même lui vint à l'esprit, qui provenait de sa période de mysticisme abject à Natal : une statue sciée à hauteur des mollets, couchée en un filet, reléguée quelque part. Un saint désavoué, san Pedro, qui avait le premier, par trois fois, désavoué ; ses pieds coupés, auxquels on avait fait l'honneur immérité d'une ablution. Mais quoi ! On vient vous enlever à votre pêche, on vous emmène à l'instant, on impose le caprice de vous laver les pieds, pour vous compromettre ! Vous ne demandiez rien !

Dieu ne peut pas laisser les hommes tranquilles. Il trépigne parce qu'il voudrait que tous lui baignent les pieds avec leurs larmes. Tout dictateur adore qu'on l'encense, et il piétine le sort des péons, qui le maudissent !

Il pesait comme de la pierre. Ses dents s'entrechoquaient. La jungle et la nuit représentaient le drame d'une vaste étreinte avortée. Quelles forces, jointes à celles des bêtes, haletaient, geignaient, pleuraient ainsi ? Peut-être était-ce l'enfer, et lui, san Pedro, s'y pétrifiait, cul-de-jatte entre des mailles. Les âmes damnées voletaient alentour.

Julio partageait son sort, mais Julio ne l'avait pas plus choisi qu'on n'élit l'abîme où un affaissement de terrain nous précipite. Enfui parce que témoin d'un meurtre, il aurait sans cela continué à parcourir le huit de son estrada, comme une rosse, sous l'aiguillon, suit son sillon. Le caboclo ne signifiait rien ; il souffrait, pareillement à toute bête. Lui, Pedro, était puni. La punition n'existe qu'à travers la pensée ; hors celle-ci, ni révolte, ni haine, ni châtiment : rien qu'une souffrance bestiale, sans valeur. Julio, un caïman éventré crevant sur la vase : quelle différence ?

Cette pensée, il n'avait pu la déposer dans l'île, face à Manáos, où les exploitants d'hommes et d'hévéas étaient censés mettre leur conscience en dépôt. Ils la laissaient là, en allant aux seringaes, la reprenaient au retour ! Ha ! Ha ! Beau cynisme de la classe dominante, qui s'attribue une âme et admet qu'elle puisse s'en défaire quand l'intérêt le commande ! Dans les salons de Belém, on se serrait la main entre hommes irréprochables, œuvrant pour le progrès. L'honnêteté avait une limite géographique.

Il était passé au large de cette île de la Conscience, affublée d'une légende pittoresque et macabre. On lui avait tout de même dit qu'en amont de Manáos des patrons payaient avec équité leurs ouvriers. Argument : la main-d'œuvre manquait, trop exploitée et décimée par les fièvres. Or le prix du caoutchouc grimpait à une hauteur inouïe. D'une plus juste rétribution du travail dépendait la prospérité de l'Amazonie.

Vérité ou piège ? On connaissait les deux aspects du tableau : une valeur vertigineuse de la gomme, une mortalité galopante. Et puis l'espoir n'était plus la base sur quoi s'appuyait l'action mais une simple fleur crevant et renaissant au flanc de la nécessité.

Sitôt la première boule de borracha vendue, ou pour mieux dire : échangée, il avait constaté que le mode de paiement restait le même. Et il n'allait pas tarder à s'apercevoir d'un net durcissement dans la manière de conserver la main-d'œuvre. Des surveillants armés d'un revolver parcouraient les estradas, alors qu'auparavant le seringuero exploitait seul, sans contrôle, son coin de forêt. On savait que des hommes étaient postés avec une carabine en amont et en aval du fleuve.

Oui, le prix fou du caoutchouc provoquait le besoin de plus grandes masses productives, quand au contraire celles-ci se clairsemaient. On obviait à cela par l'emploi de la force.

De nouveau, il avait pris la hache, le sac de tigelinhas, le seau ; toussé dans le defumador, claqué des dents entre les palmes de son carbet, aggravé ses dettes. Existence d'esclave absolu sous l'œil du tueur Gaëtano Alvarez, qui paradait, expert en tyrannie, un colt à la hanche, au doigt une émeraude !

Tromper sa surveillance était possible, mais il se serait

aperçu de l'évasion peu après, tant il mettait de zèle à contrôler les estradas.

Un jour qu'Alvarez examinait la coagulation du latex, penché sur une boule refroidie, de derrière où il s'était placé respectueusement il l'avait frappé avec son machete. Tout un côté du crâne, et l'oreille, étaient tombés dans les cendres du defumador. Un bruit de feuilles remuées lui était parvenu alors qu'il s'emparait de l'émeraude : Julio débouchait, à quelques pas, du fourré, son sac sur le dos, par un hasard qu'il n'avait point tenté de s'expliquer, ni à l'instant ni plus tard.

Julio avait regardé, terrifié, le cadavre et sa moitié de tête, Pedro, le machete, le sang, la pierre précieuse. Lui, il avait couru à sa cabane, fait son sac, fui en pleine forêt ; le caboclo s'était mis à courir derrière lui.

Ils avaient effectué un vaste détour pour éviter les factionnaires.

De toute façon, ces retours à une expérience sans issue devaient fatalement trouver leur propre porte. Mais encore, la chienne de vie avait mis bas une haine anormale qu'il était temps — pour le roi des Chiens — de supprimer. Voilà pourquoi son corps s'alourdissait, pieds détruits, dans le hamac. Voilà pourquoi ses rangées de dents se soudaient après avoir tressauté les unes sur les autres.

L'enfer flambait noir, les âmes agitaient leurs ailes.

Tout là-haut, la nuit gardait ses distances, arrogante, glacée. Il la voyait par les orifices infernaux. Elle arborait le mépris gelé que Dieu lui ordonnait pour la circonstance : un nommé Pedro, réfractaire au commandement de l'amour, était damné tout vif sans autre forme de procès.

La torche s'éteignit. Il regarda autour de lui avec épouvante, avant de sombrer.

Il émergea d'un sommeil qui lui parut avoir commencé quelque soir de son enfance, au Natal, et finir ce matin, comme s'il avait rêvé le cauchemar de sa vie. Il était étendu sur une mousse accueillante. Son regard, sans doute à cause de l'épuisement, ne déviait pas du sens vers le haut, où il y avait d'ailleurs de quoi le retenir : la lumière matinale distribuait ses rayons selon des angles de plongée qui changeaient continuellement, à la cime des grands arbres et par les espaces entre leurs cimes. Il eut le sentiment que le soleil, à son éveil d'un songe si long, cherchait où il pouvait être. Puis il tourna les yeux de côté ; ce qu'il vit alors, au lieu de lui inspirer la frayeur, n'altéra sa tranquillité en rien. Demeurer calme face à cette vision n'était humainement pas concevable. Mais il l'admit. Assis près de lui, le regardant, il y avait un Indien nu, puissant, immense, paisible, sans arme, sans peintures, sans plumes, sans désir. Aucune malveillance n'habitait ses prunelles noires sous la frange bien taillée. C'était un bel homme nu, c'est tout. Jamais il n'aurait cru qu'il y eût encore de ces athlètes sauvages au bord de l'Amazone si mal fréquentée. A l'instant où il ouvrait la bouche pour demander où diable il avait bien pu se perdre, si on allait le tuer ou non, l'Indien tendit simplement le bras dans une certaine direction. Au bout de son bras il y avait quelque chose de prodigieux, dont la vision lui décrocha presque le cœur : une pyramide en or. Les degrés monumentaux conduisaient très haut à une loge cubique percée d'une seule porte. Etait-il donc possible que l'Eldorado fût si près, qu'on se tuait à chercher dans les montagnes inaccessibles ? Il se mit debout. L'Indien, par signes, l'invitait à gravir ces degrés. Comme dans un rêve il alla vers la pyramide, s'approcha d'elle, l'atteignit et entreprit d'en monter les marches, et les monta jusqu'à dominer toute la forêt amazonienne, aussi loin qu'allait son regard, à l'infini. Enfin, il passa le seuil de la loge cubique. C'était extraordinaire. Par quel miracle était-ce lui, enfant pauvre du Natal, seringuero maudit dans son pantalon pisseux, qui trouvait la cité et anéantissait le mythe ? Au fond d'une grande chambre veloutée de peaux d'onces et tout ocellée brillait un trône d'or. Sur ce trône il y avait un homme couvert d'une armure dorée, anonyme derrière un masque d'or, tout resplendissant. Ainsi, c'était donc vrai ! Il remarqua aussi qu'à ses pieds dormait un grand serpent tranquille. « Appro-

47

che, lui dit ce monarque dans sa propre langue, je t'attendais. » Cela passait l'entendement. Il vint plus près de cet empereur légendaire, se demandant comment il pouvait vivre ainsi compassé, rigide, fermé, armé et masqué dans sa loge cubique sur une pyramide. Mais peut-être n'était-ce qu'une idole cachant quelqu'un qui parlait. Le masque n'avait aucun ornement ; il ressemblait à une grosse tuile fendue par quatre fentes : deux pour les yeux, une pour le nez, l'autre pour la bouche. Il n'y avait, dans cette espèce de tombe à l'abri du soleil, rien de nouveau qui animât l'ensemble figé. L'empereur ne bougeait pas, le serpent dormait, et lui, nu dans son pantalon plein de pisse et taché du sang d'Alvarez, attendait. Alors, l'empereur enleva son masque. Lui qui avait connu la crainte, la peur, l'effroi, sut l'épouvantement. Son cœur cherchait à descendre en tirant sur ses propres veines. La voix lointaine de son âme implorait en lui : Seigneur, aie pitié de moi. Il l'entendit très bien. Jamais il n'avait eu si froid. Le visage du monarque était le sien. C'était lui, dans l'armure d'or, au fond de la chambre veloutée de peaux d'onces et tout ocellée, qui était là depuis longtemps à l'attendre. En douceur, alors, pris du besoin de dormir, il s'affaissa, tomba très lentement à une vitesse sans limite, avec la pyramide qui s'effondrait — puis fut dans son hamac, les yeux ouverts, terrassé pour toujours.

Il naquit. Ce n'était point un éveil, mais une naissance. Alors qu'auparavant les cris caverneux des guaribas l'avaient arraché au sommeil, empoigné, suffoqué, assourdi par leur tapage, aujourd'hui tout semblait avoir cédé au sidéral, être tombé sous sa loi, au terme d'un haletant combat. C'était un silence bleu, fabuleux. Même l'anophèle absent, la respiration des arbres quasi suspendue obéissaient à une force nouvelle.

Il descendit de son hamac et clopina vers le fleuve. Parce qu'au grand jour uniquement on juge d'un miracle. Parce qu'on a besoin du grand air pour disjoindre illusion et réalité. Ses jambes le portaient. Il avait suffi de cette paix, comme on en doit connaître à l'aube dans des jardins.

Parvenu à la berge, il vit la grande nappe en mouvement, une mer brune, passante, sous un ciel juste éclairé ; et aussi que la ligne de forêt, grise et régulière au loin, était coupée en deux. Dans le milieu il n'y avait rien, mais ce rien contenait une sorte de vibration blême et la promesse irréelle du froid.

Le rio Negro !

Il se laissa durer dans un état inconnu qui poussait à une envie ahurissante, encore fantôme cependant, spectre encore, mais en passe de prendre chair : remercier.

Un air frais dévala d'un coup des monts de Guyane jusqu'à lui.

Il ne lui fallut pas longtemps pour plier son hamac, mettre sac au dos. Ce serait la dernière phase du voyage en enfer : Moura n'était qu'à quelques heures.

Voilà qui importait : ses pas, chacun de ses pas surhumains. Ses jambes portées en avant, tantôt l'une, tantôt l'autre, revêtues de quelque chose d'immonde — toile, sève, boue, latex, sang et urine —, l'obnubilaient.

La nuit n'avait pas toute évacuée cette grande bassine fendue de la jungle. Elle s'en allait par les plus gros trous, entre eau et lianes.

Soudain, les guaribas entrèrent en crise, avec les perroquets. Charivari de sorcières ébouillantées à l'apparition du grand chaudron.

Les moustiques reprenaient leur danse agressive, aigre et aiguë, mais en plus petit nombre. Il le devait sans doute à la large coulée d'air que le rio Negro poussait devant lui. Leur allure de colonnes d'église était revenue aux arbres. Point de fourré pour entraver la marche : un tapis d'humus, vert et noir, jonché de branches rompues.

La chaleur répandait son fluide sirupeux. Il devenait comme une mouche s'efforçant de soulever ses pattes d'un fond d'huile dans une soucoupe.

Des arbres, des arbres, toujours. Et sur sa gauche, ce rio Negro et Branco ensemble, deux titans confondus, une mer oblongue, aux forme et fonction d'intestin.

Ce fut fini d'un coup. Au-delà d'une zone de fourrés — qui envahit et dévore tout où l'homme a déboisé —, un tableau minable, beau à sangloter de joie, surgissait du chaos : quelques cabanes aux toits de palmes, une plage, des pirogues sur le sable, un ponton, un motorship amarré.

Il manqua tomber. Sa destinée s'éclairait ici.

Il était prêt à tuer quiconque s'aviserait de lui faire obstacle. Pour cela, il se risqua sur la grève machete en main.

Personne. Le vent ébouriffait les palmiers, emmenait du sable. Il ne se rappelait plus à quel point la terre pouvait être respirable.

Marchant à petits pas prudents, mais calme, sans oppression, il parvint au ponton et y resta en attente, puisque c'était de là qu'il partirait forcément. Cette inutilité d'un seul pas de plus le soudait debout aux planches, mieux que soulagé : totalement bien, remis à sa place dans un monde ayant recouvré son sens.

Il vit Julio assis sur la grève, qui le regardait de loin, qui n'osait plus le suivre, de peur d'être chassé du ponton. Mais un soudain bruit de voix le dispensa d'un sentiment — il ne savait au juste lequel — qui commençait à poindre vis-à-vis du caboclo.

L'équipage du motorship rembarquait. Il demanda au patron s'il consentait à le descendre à Manáos, en échange de son hamac et de son machete. Le patron accepta, d'un petit signe de tête. Preuve que ce genre de transport entrait dans la routine.

Il sauta à bord, et le bateau partit immédiatement.

Sur la plage de Moura, un point blanc tremblait à travers la distance d'air chaud.

Il regarda les mariniers, désœuvrés, abêtis, bercés par le bruit du moteur. On approchait des grandes îles. La haine s'assoupissait, tel un chien qui a voulu, toute une nuit, mordre l'orage.

Entre le voyage sur l'*Alagôas* et celui qu'il allait s'offrir, un pan immense de sa vie, putride, s'effondrait.

Il vendrait l'émeraude. Il se ferait soigner les pieds. Il irait à São Paulo, voir des femmes et des roses, et des tramways.

L'un des bateliers penché sur le plat-bord pour une quelconque manœuvre tourna vers lui sa figure ; il eut la désagréable impression de lui ressembler. Puis il fut conscient d'un grand coup qu'on lui portait derrière la tête. Il eut aussi le temps de se rendre compte qu'ils cherchaient sur lui l'émeraude. Puis le flot du fleuve sombre monta d'un coup à sa rencontre, fleuri par les petites fleurs rouges d'un saignement — et l'empereur une dernière fois enleva son masque d'or.

AMOR

Beatriz portait la même robe bleue que le jour où ils s'étaient déclaré leur amour. Elle l'attendait sur le wharf. C'était une image gracieuse de l'éternité que la sienne, fidèle au rendez-vous quotidien. Vraiment, les apparences persuadaient que cela continuerait toujours, complices de l'illusion qu'avant leur rencontre il n'avait rien existé. Ce n'étaient pas des jours d'amour promis à se succéder sans fin, c'était le même jour qui revenait, divisé par l'intermittence de chaque nuit : ainsi le laissaient croire, insidieuses et veloutées, l'illusion de l'amour et l'image de la bien-aimée en attente sur le wharf.

Mais quelque chose d'autre était arrivé, qui brisait tout. Il fallait dorénavant accepter ceci qu'il avait un trou au poumon ; le médecin avait décelé une lésion au poumon gauche et demandé son admission urgente à l'hôpital Domingos Freire, à Belém. Il fallait accepter ce trou au poumon, ce trou que venait de faire la réalité dans les eaux calmes du rêve, qui ne se refermaient pas sur lui.

Il s'avançait vers l'image condensant tout le passé et tout l'avenir, maintenant vieillie, brusquement surannée comme un médaillon funéraire de jeune fille sur sa tombe exposée au soleil.

— Mon chéri.

Il l'embrassa, moitié sur la joue, moitié sur les lèvres.

— Tu es bien distant, je trouve.

Elle le grondait; il regardait sa bouche bien ourlée par la nature et par le rouge.

— Attends, tu vas en apprendre de bonnes, dit-elle en lui prenant le bras pour leur promenade sur le wharf, figure-toi que mon oncle Juan s'est disputé avec ma tante d'une façon telle qu'il est parti fou furieux, qu'il est allé boire dans les cafés et qu'il a erré la nuit entière dans Manáos, tant et si bien que des passants l'ont trouvé au petit matin endormi par terre — tu entends ? par terre —, ses vêtements défaits et incapable de se relever, encore moins de tenir debout, même avec le secours des gens. Par chance, M. Herreros passait par là pour ouvrir son magasin. Il s'est précipité chez nous et en est reparti en tenant papa par la manche, et tous deux ont adjuré, supplié mon oncle Juan de se remettre d'aplomb pour ne pas être la risée de tout le monde.

Enfin, ils l'ont presque porté jusqu'au magasin. Là, il a eu honte de sa conduite. Il a demandé pardon à papa et à M. Herreros. Il est tombé à genoux. Mon Dieu, est-il possible de se mettre dans des états pareils ?

— Quelle histoire, dit-il, sans avoir compris grand-chose, parce que son regard, son être, sa vie, étaient suspendus à la forme seule des lèvres rouges et à leur agitation merveilleusement éclairée, où la salive offrait ses saveurs, les offrait par petites touches, comme des sons mouillés sur une mandoline de sang.

Le vaste monde n'était qu'indirect et deviné, que par reflet, que par les reflets du fleuve et des vitres de chaloupe sur le petit monde volubile de ses lèvres. Et à celui-ci le sens même de sa volubilité était retiré. Il ne lui restait que le sens de son sang.

— Quant au motif de cette dispute, reprit Beatriz, il ne change pas, ma tante exigeant de mon oncle leur départ pour la côte, à cause du mauvais climat de Manáos qui débilite les enfants, et mon oncle tenant ferme à son petit commerce de bois bien prospère. Il lui prédit une misère noire sur la côte, où les places sont chères. Elle lui prédit la maladie d'Henrietta et de Luis...

Ses lèvres vermeilles brillaient. Elles invitaient les baisers, et les baisers viendraient de toute façon. Vue de loin seulement Beatriz avait paru altérée par le temps qui ne s'était pas encore accompli — par la somme de temps qui allait être consacrée à son souvenir. Tout près, elle rayonnait de netteté. Elle rayonnait d'actualité. Elle resplendissait d'aujourd'hui et resplendissait de lendemains. L'effet de temps dont la jeune fille, sur le wharf, avait reçu son altération n'était que prescience d'une réalité encore à naître, qui l'affecterait lui seul. Il comprit que cet étrange passé qu'il avait vu investir et changer surnaturellement l'apparence de Beatriz était son propre avenir.

— ... donner tort ou raison à chacun est difficile, vois-tu. D'accord, Henrietta et Luis ont une santé fragile. Le climat d'ici ne leur vaut rien du tout. Mais jamais mon oncle Juan ne retrouvera une situation comparable à celle qu'il a dans Manáos. Il est expert en bois précieux. Il est très connu des exploitants et des courtiers. On en vient, de plus en plus, à passer par lui, aussi inévitablement qu'on passe par la porte pour aller d'une pièce à une autre...

Il avait la poitrine écrasée. Le temps sans Beatriz, le temps privé de vie, qui naissait avec une suppuration sous son gilet, si près du cœur, l'écrasait.

— ... Et que trouveront-ils, à Belém ou à Natal ? Des immigrants, encore des immigrants, entassés, à l'affût du moindre gagne-pain, prêts au mauvais coup s'il le faut. C'est une souricière. Descendre, à présent, quand tout le monde cherche à monter pour avoir ses chances ? Qu'en penses-tu ? Dis, qu'en penses-tu ?

Il vit ses yeux bleus dans la douceur dorée du matin. Il les voyait. C'était le 13 avril 1908.

— Lucio, Lucio, qu'est-ce que tu as?

— Un peu fatigué, peut-être.

— Je t'embête avec mes histoires de famille.

— Non.

— Je n'en suis pas la cause, dis?

— Certainement non, Beatriz.

— Parce qu'il ne faut pas que tu doutes de moi. Je serai toujours auprès de toi, si ça peut te faire du bien aujourd'hui de l'entendre dire.

— C'est mon plus grand bien, mon plus grand.

— Tu m'aimes toujours?

— Je t'aime, Beatriz.

— Comme c'est doux de l'entendre! Alors, écoute bien, au milieu de ces bruits de moteurs, d'entrepôts, de poulies, de charrettes, de marchands, bien au milieu, dans un espace réservé, un espace interdit: je t'aime.

Elle rapprocha son visage.

— Tu ne m'embrasses pas?

Peut-être lui en voudrait-elle, quand elle apprendrait sa maladie, d'avoir été embrassée dans l'ignorance où il la tenait encore? Et puis, contagieux, il n'avait pas à le faire. Comment lui expliquer ce refus, sinon par l'affreuse vérité qu'il se refusait à dire aujourd'hui, afin qu'aujourd'hui épargné pût appartenir au trésor du

57

passé — à ce passé qu'hier encore son enchaînement à l'avenir privait d'existence propre ; cependant que l'avenir était clos, parce qu'il ne serait rien d'autre en substance que le passé.

— Vraiment, tu es bizarre, ce matin. Tu me caches quelque chose. Dis-le-moi ! s'impatientait Beatriz en faisant tourner très vite son ombrelle.

— Je t'expliquerai, ma chérie. Mes sentiments pour toi ne sont pas en cause.

Le rapprochement lui vint à l'esprit, de l'avenir qui n'évoluerait pas et de sa lésion qui évoluait.

— Mais enfin, pourquoi ne pas m'expliquer à présent ?

— Quand je te l'aurai dit, tu comprendras.

Cette expression qu'elle avait eue, d'espace interdit, le hantait. Parmi l'espace vital que l'univers proposait, espace interdit serait l'amour de Beatriz. Espace défendu sa bouche au goût de lait, sa poitrine comme le lait qui bout et qui monte. Et le reste... Mais le reste resterait à goûter pour toujours. Le reste était censé devenir la propriété indéfiniment consommable d'un sieur Lucio de Curva qui n'aurait pas eu le destin de Lucio de Curva. Pourquoi donc le destin frappe-t-il l'être avec une telle inconséquence et une telle brutalité que celui-ci a le sentiment d'être mort et de se poursuivre dans un autre ?

Il se rendit compte que ses yeux la dévoraient. Ses yeux s'attardaient au festin de deuil. Seuls les yeux y étaient admis.

— Viens, Lucio, promenons-nous un peu, dit-elle en lui prenant le bras, très tendre, compatissante — car pour lui c'était de la compassion, maintenant.

Et cette falsification secrète de ce qui était le bon aloi de l'amour le rendit à lui-même méprisable.

Ils allèrent côte à côte sur le wharf flottant, au bord de l'eau brune qui le soulevait. Pour lui, le spectacle du port était d'ores et déjà ce qu'il avait été autrefois, il y avait longtemps. Une vitre, comme on en recouvre les photographies suspendues aux murs ou posées sur les tables de nuit, figeait en quelque sorte sans l'immobiliser le mouvement multiple et confus des cargos recevant la gomme, des vapeurs, cages fluviales pour les oiseaux sales du travail, des péniches bourrées de cèdre, des *lanchas* aux longues cheminées noires, des *ubas* avec leur Indien debout ou accroupi, dans la solitude désemparée de sa nudité et de son chapeau. Cela n'était plus de son temps et ne le concernait pas. Ses espérances de bonheur suspendues le projetaient étrangement dans l'au-delà du temps, là où rien ni personne n'était encore parvenu. Il voyait le présent d'aussi loin, d'aussi longtemps qu'il s'en souviendrait. Il le voyait du bout de sa vie. Il était le mourant qu'il allait être, et par conséquent détenteur d'un avenir, mais mort, que Beatriz tournée vers l'avenir n'aurait peut-être pas. Ainsi, elle qui vivait restait figée dans le temps qu'elle vivait, et lui qui ne vivait plus l'avait devancée le long d'une durée imprécise, il couvrait des périodes dont personne n'était sûr. Tout lui apparaissait comme un livre d'histoire qu'il aurait ouvert à la page de Beatriz. Sa conscience parcourait tout droit le trajet qu'elle entrevoyait, jusqu'au moment de mourir, et du moment de mourir rejaillissait et revenait au point fixe d'où elle était partie, à ce point fixe de Beatriz sur le wharf de Manáos, le 13 avril 1908. Du seuil de sa mort il s'était retourné, et il voyait Beatriz à côté de lui qui ne pouvait plus le suivre, qui ne respirait plus, inanimée dans l'éclat de sa jeunesse.

Alors il la regarda, tournant la tête avec difficulté. Ce fut la même impression contraire : elle resplendissait de vie, pulpeuse, palpitante, lumineuse dans son fourreau bleu. Sa peau était un onyx poreux. Une douce lumière de cœur et de poumons, semblait-il, transsudait d'elle. Sous sa peau et à travers sa peau, une suffusion comme celle du sang aux joues et une irradiation comme celle du feu de l'étoile se donnaient cours sans qu'elle fît autre chose que respirer.

Il contempla cet abîme, entre l'illusion du monde tel qu'il se transforme en nous et la réalité du monde en soi. Mais il comprit aussi que la réalité de Beatriz présente céderait la place à celle qui deviendrait la

sienne pour le cas où elle vieillirait, car la mort entre-
prenait irréversiblement dans le sens de son œuvre.

— Si ce sont les réticences de mes parents qui te mettent dans cet état, dit-elle après un long silence, tu t'in-
quiètes à tort. Je leur tiendrai tête. J'attendrai ma majo-
rité, s'il le faut.

— Oui, j'en suis sûr, ma chérie.

— Après tout, ta situation chez Lyndon est convenable.

— Pas très brillante.

— Il faut compter sur l'ancienneté. D'année en année
on t'augmentera.

— Evidemment. L'ancienneté.

Elle le dévisagea tout à coup.

— Je me demande parfois si tu ne pars pas battu dans
cette course, sans avoir réellement l'envie de gagner.

— C'est terrible, ce que tu penses de moi.

— Mais non, Lucio, je ne le pense pas. Accorde-moi
pourtant que certaines de tes remarques me porteraient
à le croire. A vrai dire, tu n'es pas d'un grand dyna-
misme, par tempérament. Je t'aime comme tu es, voilà
tout. J'aime Lucio, qui ne peut pas être un autre que
Lucio.

Justement, Beatriz tapait dans la cible. Elle se des-
tinait à aimer un Lucio de Curva qui correspondrait à
l'image à laquelle elle s'était faite, et qui échapperait,

comme préservé dans l'abstraction, placé sous verre, au destin de Lucio de Curva le vrai.

— Désormais, tu en aimes un autre que moi.

Beatriz blêmit.

— Ah ! C'était ça !

— Celui que tu aimes est un autre, Beatriz.

Il le lui disait avec tendresse. Il commençait à lui apprendre, doucement, la vérité ; doucement vis-à-vis de lui-même. Et elle recevait un coup de fouet, ses doigts tout blancs autour du manche de l'ombrelle, sa bouche exsangue, les fleurs de ses yeux gelées.

— Qui a pu te mettre en tête une idée pareille ? Tu es fou. Ce que tu me fais mal, mal ! J'ai mal, Lucio.

— Non, je ne veux pas dire que tu en aimes un autre, non, c'est que l'homme devant toi n'est peut-être plus celui que tu aimes.

Il tremblait. Comme il tremblait !

— Je ne comprends plus ce que tu dis, murmura Beatriz apeurée.

— Je t'expliquerai, sans faute, mais pas aujourd'hui. Pas maintenant. Je te demande un sursis. Accorde-le-moi, je t'en conjure.

— Est-ce si grave ?

— Je crois.

— Alors, tu vas me laisser dans cette angoisse ? Tu as le cœur de me laisser ainsi ?

Ces mots enveloppaient de chaleur l'espoir couché en chambre froide. Ces mots, corps dévêtu, couvrant un cadavre ; impuissante et peut-être douteuse Iseult.

Il baissa la tête.

— Donne-moi jusqu'à demain. Jusqu'à demain.

Elle lui saisit les doigts. Il eut mal, et honte, de cet enlacement de doigts moites et de doigts frais. Les mains dénonçaient l'erreur funeste de leur alliance.

— Quoi qu'il puisse arriver, ou quoi que tu aies pu faire, sache bien que je comprendrai dans la mesure de mes forces, dit-elle.

Cette déclaration nuancée le soulagea. Elle le préparait à ce qui lui était promis. Elle lui prouvait qu'il n'avait pas eu tort de désespérer.

— J'en suis certain.

— Je serai à ton côté, autant que mes forces me le permettront.

— Nul n'est tenu à l'impossible.

— Mais le possible est vaste, Lucio. On voit difficilement ses limites.

S'il s'était agi de tout autre chose qu'un mal contagieux, combien ces mots auraient pansé l'espoir ! S'il s'était agi d'un obstacle, d'un licenciement, d'une expatriation, d'un meurtre qu'il aurait commis !

Ils restèrent longtemps silencieux dans le tumulte du port. Leurs mains et leurs regards ne se quittaient pas.

— Je dois rentrer, Lucio. Cette heure encore est passée si vite ! A demain matin, au même endroit, où j'espère te trouver moins triste.

— A demain, Beatriz.

Ils se lâchèrent les mains et ce fut tout. Les liens cédaient sans qu'il fût besoin de les trancher. Il la regarda se perdre, précieuse et bleue, parmi la foule des commis de magasin, des trimardeurs maniant la gaffe et le crochet, des mariniers baguenaudant en habits sales, des Indiens accoutrés de bric et de broc, des seringueros, des gens de la vie, au loin, très loin, sur la terre.

Sans qu'il sût pourquoi, son découragement s'était endormi, anesthésié. Ce matin lui apportait, non pas l'acceptation de son malheur, mais une paix bizarre qui le refoulait dans les contrées floues où il semble qu'on rêve ce qui nous arrive.

Alors qu'il débouchait des docks, il aperçut la silhouette grenat — c'était la robe que son oncle Juan lui avait achetée à Belém — de Beatriz au rendez-vous. Beatriz encore une fois photographiée par l'âme, afin de se conserver dans l'album de l'âme ; Beatriz déjà cet instantané elle-même, tant il était certain qu'elle n'existerait bientôt et à jamais pour lui qu'à l'état d'image — tant il importait peu qu'elle fût vivante.

Les quelques pas qu'à son approche elle fit malaisément, comme gênée par la brume, le mouvement flou de ses bras, son sourire indécis, appartenaient aussi bien au passé qu'à l'improbable avenir, tous deux se tenant d'une manière intime et consubstantielle. Ce qui avait lieu dans l'heure présente ne détenait aucune valeur en soi, parce que sans pouvoir de changer ce qui avait été comme ce qui allait être. Le matin du 14 avril 1908 n'était donc qu'une des images d'un film dont il savait le déroulement jusqu'à la fin, et dont dès maintenant il assistait à la projection dans la salle obscure de sa vie.

— Bonjour, Beatriz.

— Bonjour, Lucio. Il me semble que tu vas mieux.

Il effleura d'un baiser sa joue fraîche.

— Oh oui, je me sens beaucoup mieux qu'hier, tout disposé à parler, et à t'entendre parler, d'histoires de famille, de toi !

— Je m'en réjouis ! Dois-je comprendre que tu n'as plus à me faire cette grave révélation ?

— Je la ferai. Elle viendra lorsque nous aurons parlé de choses et d'autres, à bâtons rompus, en riant, comme chaque jour, dit-il avec une gaieté qui n'était pas toute feinte, qui demandait à être.

— Alors, je ne comprends pas. Si cette révélation est grave, pourquoi la faire passer après les petits riens, et si elle est peu sérieuse, à quoi bon me faire languir ?

— J'aurais aimé deviser avec toi selon notre habitude,

pour que le bonheur obtienne un sursis, Beatriz. Peux-tu le comprendre ?

Elle le regarda fixement, en ouvrant un peu la bouche.

— Pas très bien. Car es-tu heureux, avec la conscience de ce que tu sais ? Suis-je heureuse, dans l'incertitude où tu me laisses ? Dis, Lucio ?

— Non. Mais ne peut-on pas jouer le jeu ? Ne peux-tu pas le jouer avec moi pour nous épargner ?

Un instant immobile et étonnée devant lui, Beatriz prit son bras et l'emmena pour la promenade. Elle gardait la tête baissée. Sa nuque était longue et gracile, que le col bas et les cheveux blonds nattés à outrance dégageaient pour un baiser peut-être permis. Mais il ne se reconnut plus de droits sur elle, qui eussent pu lui être reprochés comme des abus. Beatriz avait raison : quel était donc ce bonheur, enfin, qu'il voulait poursuivre et s'interdisait ?

— Ce n'est pas la première fois que tu te montres difficile à comprendre, dit-elle à voix basse, le regard sur ses bottines grenat.

Non, le sursis n'aurait pas lieu. Il se prépara au désastre, tout proche comme le sont les instruments luisants du chirurgien dans leur plat d'émail, quand, pour finir, on est bel et bien couché nu sur de la toile cirée.

— Vois-tu, moi aussi j'ai une révélation à te faire : c'est que je t'ai découvert très différent de tout le monde, très différent de moi, à mesure que nous nous

66

sommes mieux connus. Tu as un penchant à compliquer, à dramatiser les choses, à les rêver au lieu de les vivre. Ne vois pas là un reproche. Je n'ai pas à te reprocher qui tu es. Seulement, je le déplore un peu.

— Oui.

— Je le déplore parce que ce penchant te desservira dans l'existence, nous desservira, toi et moi, puisque ta vie et la mienne seront liées. Je ne crois pas me tromper en te disant que nous aurons des problèmes dans nos rapports avec la vie sociale, et dans nos rapports privés.

Ce terme de rapports privés que venait de formuler Beatriz lui rappela d'une manière inexplicable un rêve qu'il avait fait : un rêve très impressionnant, tout en dominantes noires, blanches et bleues, dans lequel il s'envolait, la nuit, d'un château, portes et fenêtres béantes, ouvert côté façade et côté parc, avec une jeune fille dont l'immense robe de mariée s'accrochait aux arbres les plus hauts.

— Je ne voudrais pas t'attrister, mais au contraire t'inciter à voir la vie... un petit peu moins rêveusement. Non pas d'une façon pratique, je ne demande rien d'impossible à ta nature, à ton tempérament, disons : d'une façon qui nous prémunisse mieux contre l'adversité, qui nous permette une entente, un accord vrais... je ne sais comment dire... c'est bien difficile, Lucio, bien pénible pour moi.

— Oui.

— Vois-tu, une femme a besoin d'être en sécurité auprès d'un homme. J'attendrai de toi que tu saches comment réagir contre le sort, de la manière la plus nette et la plus positive. J'attendrai de toi la force de faire face : ou bien de persévérer, ou bien de tout changer en prenant des risques. N'ai-je pas raison de t'en parler avant que nous vivions ensemble ? Je suis comme toutes les femmes. Je suis une femme, mon chéri. Ne m'en veux pas.

— Je ne t'en veux pas, Beatriz. Ce que tu dis est tout naturel.

Des rapports privés avec une femme. S'envoler d'un château.

— Je t'ai fait de la peine.

— Ma peine est en moi, surtout.

— Il faut apprendre à vivre, Lucio.

— Mes études sont finies.

— Je ne me trompais pas, tu le prouves toi-même : ainsi tu refuses d'apprendre à vivre, alors qu'il y va de notre bonheur. Il faut se faire violence, parfois, pour avoir droit à l'amour. Il ne suffit pas d'apparaître, tel qu'on sort de l'ombre de son père et de sa mère, en disant : me voici ! Lucio, j'ai de la peine, j'ai mal. Pourquoi me laisses-tu te dire ce que tu as compris ?

Sagace, ravissante Beatriz ! Elle voyait juste comme elle savait plaire, petit être ordonné dans son jugement

68

et dans sa mise. Ni le goût ni le sens ne lui manquaient. Son aptitude à bien assortir ses chapeaux et ses coiffures, à bien choisir ses cols, de manière qu'ils missent en valeur la grâce ivoirine de son cou, à les échancrer astucieusement, juste entre la modestie et l'inconvenance, recourant à une licence que le climat tropical excusait ; son aptitude à pincer où il le fallait, d'après son buste, les robes qu'elle confectionnait elle-même, à se servir avec charme du réticule et de l'ombrelle, à bien mettre sa petite bottine ou son petit escarpin devant l'autre, et l'aptitude concomitante à discerner le fond des êtres, comme à prévoir les choses selon ce qu'elle avait discerné, faisaient d'elle une sorte de mignon ouvrage d'art, et de noble utilité, pareil à une cassolette, dont la facture et la destination ne pouvaient être disjointes. Et ce bijou lui-même n'entendait point servir à autre chose que ce pour quoi il était si joliment fait.

Leur silence s'aggravait, tout doucement, comme une lésion. A peine était-elle à son bras, la douce main gantée de Beatriz.

Pas plus que le travail de force, assourdissant et malpropre, le trafic, le marchandage, la fainéantise, la déchéance qu'ils côtoyaient sur le port n'étaient compatibles avec Beatriz, sa mélancolie et son mal ne lui allaient. Beatriz et lui donnaient par erreur l'image remarquable d'une vie autre, située sur un autre plan, dont ils étaient censés avoir l'aptitude en partage, ou détenir le secret. En somme, il appartenait au tout-venant, bien que ce tout-venant l'eût rejeté s'il s'y était joint ; il y appartenait par ce contraste inapparent et profond avec Beatriz qui leur était révélé de jour en jour, et qu'aujourd'hui elle dénonçait. Cette présence à son côté, qui lui valait l'envie du monde, il l'usurpait, et cette petite main gantée à son bras, et ce halo qu'il avait le sentiment qu'elle et lui déplaçaient, dans une pénombre tumultueuse.

Qu'il fût poitrinaire, maintenant, cela n'allait point à contresens. La maladie le précipitait où sa faiblesse native l'eût mené lentement. Ainsi, Beatriz le contraignait à cet aveu que Lucio de Curva et son destin se ressemblaient.

Tout en marchant avec elle, silencieuse à son bras, enfermée peut-être dans un silence de même nature où leurs liens pourrissaient, il pensa à Abilio Mendès, ancien lieutenant de la garnison de Manáos ; à ce petit officier des forces nationales qui avait participé à une révolution, fomentée par les gradés en accord avec la troupe, auxquels on négligeait de verser leur solde depuis trois mois. Cette révolution dirigée contre le gouvernement, parmi tant d'autres, ayant échoué, ses meneurs tués, exécutés ou poursuivis, il s'était enfui dans la forêt en compagnie de quelques hommes. Dès lors, l'existence à laquelle il avait été astreint, occasion pour lui de côtoyer toutes sortes de pauvres gens aux conditions de vie méconnues, l'avait sorti de ses griefs personnels. Leur détresse l'avait révolté, puisque la graine était en lui. Il était devenu un redresseur de torts. Depuis bon nombre d'années il vivait en hors-la-loi, quelque part dans la jungle, assassinant les potentats qui régnaient sur les seringaes, leurs factionnaires, les chercheurs d'or, les chasseurs d'Indiens. La police de l'Etat d'Amazonas le traquait. On accréditait la rumeur qu'il était fou. Des dames l'ayant connu en ville le disaient très beau. Les pauvres tissaient sa légende. Les jeunes filles rêvaient de lui. Eternellement il passerait, avec fusil, revolver et machete, sur son cheval blanc, à travers les orchidées.

— Je pense à Abilio Mendès, dit-il.

— Bah, quelle idée !

— Il a une vie aventureuse, des amours de rencontre. Il n'y a pas une seule demoiselle à Manáos qui n'ait rêvé d'être enlevée par lui, d'encourir avec lui tous les périls, sur la croupe de son cheval mythologique.

— A ma plainte tu réponds encore par le rêve, Lucio. Ne peux-tu donc t'empêcher de rêver, que tu le fasses au moment même où je viens de m'en plaindre ? Laisse Abilio Mendès. Tu t'appelles, toi, Lucio de Curva. Il a sa vie, tu as la tienne. Voilà tout.

— C'est justement ce qui me désespère : que chacun ait son destin bien personnel, bien à soi, inaliénable. Le corps, l'âme, la vie même, peuvent être aliénés, si l'on se vend ou si l'on se sacrifie. Le destin, non. Car c'est notre destin notre esclavage, et lui toujours notre mort. Serait-on dépossédé de la vie, notre destin nous appartiendrait. Il est à nous du commencement à la fin, et par-delà notre fin. On ne peut pas l'infléchir. Il est comme un fleuve avec ses bras. Quand on s'engage dans un parana, c'est le fleuve toujours, qui descend et nous emporte dans ses eaux troublées.

Beatriz semblait ne pas distraire son regard d'un point fixe devant elle.

— On devrait pouvoir changer de destin, en faire l'échange avec qui voudrait. Ce serait un troc, donnant donnant. Ou bien, on se le prêterait mutuellement : tu me prêtes ton destin, je te prête le mien. On vivrait à l'intérieur d'un autre. Et cela assorti de cet avantage qu'on se souviendrait de son destin d'emprunt après l'avoir rendu. On aurait là le bon moyen de comprendre les autres, peut-être de les sauver. Mais non : à chacun son cours. On reste entre les rives, et même s'il se présente un parana qui nous aspire et nous change, on reste dans le lit de notre destin, qui s'en va.

— Mon Dieu, tu dis cela parce que tu es mal dans ta peau. Il y a des gens qui ne changeraient pas leur vie pour tout l'or du monde.

Comme ses propres mots lui convenaient bien, ses mots, le tréfonds de son être qui avouait tout seul, par surprise, par irruption — qui accomplissait, vis-à-vis de

72

lui surtout, la formulation de l'aveu : oui, il resterait dans son lit, et doucement, dans ce lit stable, s'en irait.

Tout à coup, le mieux-être qu'il avait éprouvé disparut. Ce fut en lui un écrasement, une ivresse extralucide : le ciel était sur la terre, et entre eux les maisons étaient, blanches ou en couleurs, la façade chaulée de la cathédrale, le dôme du théâtre étaient aussi comme il se devait, et la colline des Remédios, et celle de la Cachoeira grande, mais photographiés à leur tour, sans relief, sans perspective, plus nets qu'à l'accoutumée, outrés dans leurs lignes et dans leurs teintes, posés à la verticale devant lui, peut-être un peu secoués par le vent, sur papier glacé en quelque sorte, à croire qu'il aurait pu les enlever et leur substituer n'importe quel paysage de son choix, par exemple celui d'un Bruegel. Si intense fut son sentiment de la précarité de Manáos, de son remplacement possible, à cet instant même, pourvu qu'il en eût détenu le secret, ou qu'il l'eût désiré surhumainement, par un décor idéal choisi dans l'art ou dans la rêverie, que le destin aussi lui apparut susceptible d'être changé contre un autre. Mais le moyen lui échappait, quoique approché si près, de cette substitution de panorama et de vie, qu'il semblait bien que son désir pouvait rendre effective ; comme si toutes choses pouvaient être, pourvu que leur désir fût. Jamais le monde n'avait été plus net pour lui. A aucun moment il n'avait été cette image plus vraie qu'il n'est convenable

73

de l'être, où la réalité exacerbée paraissait attendre du désir qu'il la modifie.

— Je suis malade, Beatriz.

Ce n'était pas un saut délibéré : plutôt un abandon au vide. Il tombait et se délivrait de toute angoisse. Le regard qu'eut alors Beatriz aurait été sensiblement le même, selon lui, s'ils s'étaient retrouvés cinquante ans après, lui vieillard, elle restée jeune fille par enchantement. Il semblait qu'elle le reconnût à travers une étendue effroyable de temps, avec difficulté et une tendresse très ancienne.

Elle n'interrogeait pas. Elle attendait, dans sa jeunesse sans reproche.

— Je suis malade des poumons. Voilà : je suis poitrinaire.

Beatriz, livide, reculait au fond de sa jeunesse, contre le rio Negro brun et gonflé. Il se rappellerait le fleuve en crue, et ce visage blanc qui rétrogradait vers ses vapeurs blanches.

— Je comprends, je comprends, Lucio.

— Je... pardonne-moi d'avoir attendu pour te le dire.

— Je comprends.

— C'était si difficile à dire.

— Oui.

— Je me suis accroché à nous. J'avais peur de ce moment où il n'y aurait plus que moi, cet autre que moi.

— Mais... on va te soigner, Lucio?

— Oui, je vais partir. Je m'en vais dans trois jours.

— Tu vas partir?

— Le médecin m'envoie à l'hôpital Domingos Freire, à Belém.

— On te soignera, là-bas. Tu te reposeras, et tu guériras.

— Peut-être.

— Pourquoi désespères-tu ainsi? Crois-tu que je vais me détacher de toi parce que tu es malade? Est-ce là tout le cas que tu fais de mon amour?

— Je n'ai pas le droit de te lier à ma vie. Je n'en ai formellement pas le droit.

— Laisse donc le droit et le devoir. Moi, je crois aux sentiments, dit Beatriz, de qui le visage avait l'air de revenir des fonds argentés du fleuve et du ciel, pour être chair.

— Je crois en toi. Mais je t'aime et ne veux pas t'infliger ce que je suis devenu.

— Tu te reposeras là-bas, on te soignera et tu guériras. Ensuite, tout redeviendra comme avant.

— Tu vas m'attendre, et gâcher les plus beaux jours de ta vie.

— C'est une épreuve, une lourde épreuve. Seulement, tu as tort de parler de temps gâché. Tu raisonnes toujours comme si tu doutais, au fond, des sentiments qu'on te porte.

— Non, je ne doute pas de toi.

Il eut honte de ce mensonge. Volontiers il aurait caché cette honte par le recours de prendre Beatriz dans ses bras, d'être avec elle joue contre joue, et de regarder d'un côté tandis qu'elle aurait regardé de l'autre, comme cela se fait d'ordinaire. Il n'y avait point accès. Du reste, elle s'était à demi détournée vers l'eau puissante, qui soulevait le wharf, où sa mauvaise conscience, peut-être, allait à la dérive.

— Cet aspect de ton caractère me chagrine, Lucio. Je te l'ai dit il y a un instant. Car il s'agit de la même chose en toi, que de partir battu, ou de suspecter la sincérité des autres. C'est par là que tu mériterais d'être battu. Et peut-être perdras-tu pour cette raison.

— Oui, c'est bien possible, mon pessimisme détermi-nera les événements de ma vie, mais n'est-ce pas aussi ma vie qui l'a déterminé? Autant soulever la vieille question de la poule et de l'œuf. En ce qui nous concerne, cet aspect de mon caractère par quoi je te perdrai coïncide avec mon refus de te nuire.

Elle continua de regarder l'eau, sans répondre. Est-ce que l'eau courante ou dormante apaisait, berçait, conso-lait, dissipait les pensées — ou les approfondissait? Sou-vent, il l'avait remarqué, amants malheureux et enfants déçus vont aux rives de la mer, du fleuve, de l'étang, où leur âme trouve ce qu'elle cherche.

— Je rentre, Lucio. Je suis déjà en retard.

— Tu viendras, demain ?

— A l'heure habituelle, ici. Mais nous irons nous promener au bord de l'eau, tu sais, vers le petit chantier de pirogues. Il y a trop de bruit sur le port.

— A demain, Beatriz.

— A demain, Lucio. Ne sois pas triste. Aie confiance en moi.

Elle lui étreignit une main entre les siennes, avec une ferveur subite, en lui ouvrant son regard aussi précipitamment que s'il lui avait fallu tout exprimer avant de fuir, et fuir pour ne pas être tuée.

Elle tardait à venir, ce matin, elle si ponctuelle. C'était bien la première fois qu'il ne l'apercevait pas sur le wharf. Cela pouvait être en relation avec son aveu.

Le temps en crue s'écoulait et se perdait.

Etait-il possible que ce vide soudain fût ouvert, entre elle et lui, et devant lui, où il entendrait désormais l'écho de dernières paroles qui n'étaient pas fondées à être les dernières ?

La présence tenace, indestructible, révoltante de ce qui n'était que décor, quand l'essentiel manquait ; la présence, antérieure à l'immortel amour et commençant à lui survivre, des hommes sur le wharf, des docks, des agences, des maisons en couleurs, de la cathédrale blanchie à la chaux, de l'hémisphère jaune et vert du théâtre, des deux collines, sises bêtement et immuablement, des

Remédios et de la Cachoeira grande, eut pour effet sur l'amour qu'il se souleva du lit où il était étendu. Son amour se dressa en lui, sans ses linges, sans ses pansements.

Ils tombèrent, parce qu'ils l'enveloppaient donc sans attaches propres, tel un drap enroulé autour du corps et qu'on ne retient plus. Ils tombèrent de l'amour, les linges le voilant à l'être aimé, le voilant à lui-même, à travers lesquels l'amour de Beatriz comme le monde étaient pareillement voilés. La fabulation le quitta, le tissu de l'imaginaire, d'une teinte plutôt bleutée, qui gelait le feu, aplatissait le relief, dégonflait les volumes, assourdissait le bruit humble, quelconque et tragique, des pulsations. Et les mauvaises raisons de ne pas croire tout à fait en l'amour de Beatriz, le faux avantage de se croire mystifié, les vaines consolations qu'il se cherchait dans son démérite, les vains accommodements avec sa disgrâce le quittèrent. Alors l'amour fut nu et saigna. Il eut froid et se mit à saigner, parmi les maisons réelles et les hommes vrais. Il était à la rue, dans la vie. Toutefois, ainsi jeté à la vie, il restait inconnu. Ces hommes qui lui étaient si proches et tangibles, après la chute du voile, cependant ne le voyaient pas. L'amour était en place publique, nu, sanglant, voyant, invisible.

C'est pourquoi, lorsque Beatriz apparut entre les docks, lui, Lucio de Curva, rien qu'amour dépourvu, se hâta à sa rencontre. Elle venait donc, un peu en retard toutefois, elle le retrouvait selon leur habitude, encore qu'elle eût sa robe de la veille, n'ayant pas jugé utile d'en changer, ce qui était inaccoutumé et pouvait signifier une moindre envie de séduire, comme, d'ailleurs, un simple empêchement. A mesure que son pas le rapprochait d'elle, il se dit qu'après tout c'était réconfortant qu'elle fût pareille dans ses vêtements — et peut-être l'était-elle à dessein, pour le persuader, comptant que l'impression et l'idée chez lui s'associaient, qu'elle n'avait pas varié dans ses sentiments. Si bien qu'ensuite, d'avoir été inquiet à cause de cela, il lui fut reconnaissant.

Ils restèrent face à face, muets et attentifs. Elle gardait autour du réticule ses petites mains gantées. Il soulevait de la terre du découragement ce visage qu'il avait eu si peur de perdre. Tel un lourd bijou retrouvé, il le soulevait, miraculeusement plus pur et plus brillant. Le réel lui offrait ce visage bien plus beau encore que ne l'avaient rendu tous les embellissements de la mémoire. De ceux-ci il démontrait la pauvreté, ce visage fastueux, il saccageait les pouvoirs du songe, sans bouger, sans agir d'autre façon que celle d'être là — immobile conquérant.

— Beatriz...

Il fut tenté de dire : « Je suis heureux que tu sois venue », et se retint juste à temps.

— Excuse-moi pour mon retard, Lucio. Ma mère m'a

retenue quand j'allais partir, et tout cela pour une robe à couper cet après-midi. Elle prétendait que j'avais le patron dans ma boîte à ouvrage. En fait, il était dans sa chambre, et il a fallu le chercher.

— Ce n'est pas grave.

— Viens, allons vers le chantier de pirogues.

Ils longèrent les docks assez longtemps après avoir quitté le wharf ; les magasins de gros, les agences de commerce et enfin les habitations plus vétustes, plus minables des faubourgs, entre lesquelles d'abruptes ruelles, perpendiculaires au bord de l'eau, vomissaient la boue et les détritus. Ils suivirent le chemin de terre battue qui séparait seul, en l'absence de quai, les maisons riveraines et le fleuve — vieil accordéon déployé, d'escarpement en affaissement, plongé muet dans le fleuve mugissant.

Chez Beatriz, il n'y avait que la petite main gantée qui s'exprimât : cette main, recouverte d'une peau d'emprunt, qui exprimait, du reste, les seules intermittences de la crainte, par les pressions qu'elle exerçait à son bras, quand le chemin trop incliné vers les eaux en crue n'inspirait plus confiance. Cette main vivait à son bras, se crispait ou se détendait. Il en était ému, comme d'une bête qui respire contre soi, avec cette différence inestimable qu'ici la bête était reliée à l'âme la plus chère, et avec cette regrettable différence qu'elle exprimait des émois dont il était exclu. Rien, dans ce peu d'expression dont il jouissait malgré tout, ne le concernait. Ce qui le concernait restait enfoui avec les mots qu'elle retenait, avec les regards obstinément dispensés à la terre.

Ils franchirent le pont sur la rivière de la Cachoeirinha, bouillonnante. Les faubourgs repsenaient après le cours d'eau, plus récents et pourtant vieillots, délabrés : maisons des pauvres, mal chaulées, dont la lèpre humide mangeait la chaux, ou de torchis avec un toit de palmes, cabanes, huttes, quelques *fazendas* autour desquelles trois ou quatre vaches pataugeaient. Le chemin allait sur la crête des dunes que la crue n'immergeait pas. A peine le passage des rares fermiers écartait-il les herbes hautes qui foisonnaient là, bien vertes. Beatriz, en fourreau et bottines, avançait d'un pas sûr, très lent, très doux. Peut-être le frisson de l'herbe traversée lui semblait-il convenir au moment. A défaut d'aimer dans ce chant triste de l'herbe un écho au romantisme qu'elle n'avait pas, peut-être y aimait-elle une invitation à oublier.

Enfin, marchant ainsi sans rien se dire entre les herbes inondées, ils parvinrent au chantier de pirogues. On l'avait situé sur une dune, au-dessus du niveau des crues annuelles, et par conséquent loin des berges, si bien que les artisans, au temps qu'ils travaillaient encore là, et quand ils avaient achevé une pirogue, devaient la traîner, l'été, au travers des prairies, pour la mettre à flot.

81

Il n'y avait plus qu'une masure toute de guingois, effondrée d'un côté. Des troncs d'arbres avaient été laissés là, certains dégrossis, une embarcation à demi faite, des accores et un brasero. C'était inquiétant et paisible.

Ils s'assirent sur le tas de bois, l'un près de l'autre, mais sans se serrer ; leurs mains restaient sur eux-mêmes. Et tandis que Beatriz regardait devant elle avec fixité, donnant, se plaisant à donner, peut-être, l'image équivoque de l'accablement ou de la songerie, il contemplait son profil invariable dans la vérité de la matière.

— C'est une dure épreuve, Lucio.

Il ne trouva pas de mot pour lui répondre.

— D'autant plus dure que je n'ai personne à qui me confier. Si je pouvais en parler à maman, elle me réconforterait. Au lieu qu'ainsi je suis seule, et surtout je vais être seule, toute seule, après ton départ pour Belém.

— Chaque jour, je t'écrirai.

— Je n'attends pas de toi que tu me donnes du courage. Dans tes lettres, tu me répéteras ce que tu m'as dit : qu'il n'est pas question pour moi de partager ton destin. Tu m'écriras : ne gâche pas ta jeunesse, ne détruis pas ta vie.

— Tu es ce que j'ai de plus précieux en ce monde, Beatriz. Mais accepter de t'entraîner dans cette voie pénible, peut-être dans cette impasse, est-ce de l'amour ? Je te parle à l'encontre de mon désir.

— Ne parle pas contre ton désir.

— J'en ai le devoir.

— Tu n'en as pas le droit !

— Ce n'est pas mon sentiment.

— Tu n'en as pas le droit, ni à l'égard de toi-même, ni à mon égard.

— Alors, je ne comprends pas ce que doit être l'amour, pour qu'il *soit*.

— Non.

Le silence s'étira à partir de ce mot et le sanctionna. Il souffrait. Ainsi donc, était-il trop scrupuleux pour aimer véritablement et permettre d'être aimé, trop respectueux du bonheur que l'autre méritait — ou trop décourageant, trop veule, trop dépourvu, au fond, d'une réelle envie de vivre ? Il allait la perdre, par sa faute. Elle l'aimait ; il la décourageait. Oui, il lui demandait d'avoir toute seule la force de l'amour. Dans ses sentiments mêmes, comme il le serait à Belém, il était un grabataire, et une jeune fille devait le porter. L'homme alité qu'il allait être à l'hôpital Domingos Freire, il l'était en soi depuis toujours.

La maladie le confirmait dans son être. Elle était le sceau qui l'authentifiait.

Mais cela n'empêchait point — bien au contraire cela constituait la cause que Beatriz ne l'aimait pas en tant qu'homme, à la réflexion. Or elle ne tenait nullement à l'avouer. Elle voulait laisser le souvenir d'une femme aimante, découragée dans son amour. Elle préservait son image. Elle s'en tirait avec tous les honneurs, le vouant aux mea-culpa. Le grabataire devenait aussi le repentant abusé, et la frêle porteuse du fardeau devenait la sainte amante, trônant dans sa lumière usurpée.

La difficulté de l'amour consommait sa lassitude. En fin de compte, c'était trop difficile.

Comme ils ne disaient plus rien, elle se leva.

— Viens, rentrons.

Ils marchèrent, silencieux et distants. Ce ciel troublé était tout de même beau pour la saison, après les pluies torrentielles, presque ininterrompues, de mars. Le soleil brillait par moments, et les tertres glorifiés rayonnaient de leur vert pur, parmi le pur argent des eaux. Un décor de naissance tellurique, pareil à celui qu'avait dû présenter, sans témoins, la première terre en émergence, environnait ici la fin de l'amour. Mais Beatriz ne contrastait pas avec lui ; elle lui était accordée. Elle resplendissait de la préfiguration du bonheur qu'elle ne manquerait pas d'avoir, comme il contenait les promesses du limon fertile. Que l'herbe était verte ! Qu'elle allait être verte, l'herbe prochaine, quand l'eau se serait retirée !

Et combien la belle Beatriz était belle par surcroît de sa beauté qui s'ensuivrait, juvénile encore pour bien des ans, heure après heure, puis mûre, puis déclinante, dans le luxe du temps ouvert comme un grand jardin !

Toutes paroles décisives viendraient-elles demain, mettant un terme à leur couple, tels les coups de bistouri d'une opération qu'il vaut mieux pratiquer, ou n'y aurait-il rien d'autre, au dernier instant, qu'espérances fausses, pieux mensonges et serments tristes — quoi qu'il en soit il la perdrait. Demain matin, il perdrait Beatriz.

Certaines histoires d'amour disent que l'amant au désespoir tue son aimée. Il l'avait lu ; il le comprenait. Ainsi l'objet de l'amour n'est pas une possession perdue, mais une perte possédée. On garde avec soi cette perte, qui nous appartient absolument comme notre création.

Il fut empoigné par l'horreur venant pondre ses œufs noirs en lui ; coucou macabre qui lui souriait pour être admis et logé à vie, et lui exposait qu'il valait mieux des œufs noirs que rien dans un nid déserté.

L'attente sur le wharf lui avait entrouvert les profondeurs où l'adieu à Beatriz le précipiterait. Comment donc supporterait-il cette chute lente à travers les heures ? De jour en jour ce serait pire.

Dans la contemplation de l'eau, de l'herbe, il chercha l'apaisement. Tout semblait simple, calme, aisé, heureux, où l'amour n'était pas. Beatriz marchait à ses côtés, incompréhensible. Si pénible à comprendre lui-même, il se délaissait, il obtenait paix et mesure d'un bouton de gant, il enviait les arbres. Vivre eût été facile, si vivre n'avait pas été, sans alternative, aspirer au bonheur. Il maudit cette bénédiction du bonheur qu'on lui demandait de mériter.

Tout juste s'était-il aperçu qu'ils avaient franchi le pont et traversé les faubourgs. Beatriz s'arrêta. C'était devant une petite rue qui la menait chez elle.

Le vent avait rougi ses joues. Elle avait de bonnes couleurs, et ses yeux plus bleus qu'à l'ordinaire brillaient comme des gentianes. Elle disposait de la santé, à pleins poumons, et la répandait aux quatre vents du temps qui se perdait. Elle n'avait pas un visage tragique.

— A demain, à l'angle de cette rue. Nous irons encore vers la *varzea*, tu veux bien? dit-elle.

— Oui.

— Ne te tourmente pas. Je suis là.

Elle le regardait. La simplicité, le calme de l'eau et de l'herbe passaient dans l'homme.

— Je le sais.

— Il ne suffit pas de le savoir, Lucio. Tu dois le comprendre.

— Je sais qu'il n'y a rien de supérieur à l'amour, parmi tout ce qui existe.

— Pour qu'il existe, il faut le faire vivre.

— J'aime les plantes en pot, dit-il comme malgré lui, mais je ne pense jamais à leur donner de l'eau, et elles dépérissent. Elles crèvent.

Il lui tendait une arme. Elle allait s'en emparer et le mettre à mort.

Au lieu de quoi, son visage s'abaissa. Des larmes coulèrent, qui avaient l'air fausses sur ses joues resplendissantes.

— C'est difficile de t'aimer, Lucio. Aide-moi !

Il la serra contre lui, en respirant au-dessus de sa tête.

— Je t'aime, Beatriz.

Et de nouveau le calme de l'eau fut sensible, la tranquillité heureuse des prairies submergées et des *tesos* ondoyants fut dans l'âme. L'amour brillait, intermittent comme les éclairs d'un orage, et il viendrait, le beau temps, elle viendrait, la mort.

— A demain, Lucio.

Elle s'échappa, courut dans la ruelle abrupte.

Une invincible force — la vie — la tirait vers son abri. Car les mots ne protègent que provisoirement.

N'aurait-elle pas dû éviter d'être en retard, pour la dernière fois ? Y avait-il donc quelque chose qui importait davantage que l'ultime complaisance d'être exacte au rendez-vous ? Le temps, après avoir bondi, croupissait.

De deux choses l'une : ou elle ne l'aimait pas, et bien des choses prévalaient contre les complaisances, ou elle l'aimait, et rien ne justifiait qu'elle le fît attendre atrocement, sachant son état.

Le fleuve battait ses berges. Il l'entendait, puissant, qui mangeait en cet endroit, à ce bec, la terre de Manáos, pour la régurgiter dans les varzeas.

Au débouché de la ruelle où il attendait que Beatriz apparût : pas de robe grenat, ou grise, ou bleue, pas d'ombrelle ; l'apparition manquait, du livre d'images de l'amour, dont il avait, jour à jour, découvert et tourné la même page.

Elle ne viendrait plus, peut-être. Cette douleur, soudain cette douleur, qui l'assaillait ! Qu'elle vînt ou ne vînt pas, pourtant, y avait-il différence, autre qu'une différence d'heures ? Tôt ou tard, ce matin, le livre devait être fermé et rangé dans la mémoire.

Il se pouvait qu'elle répondît à ses premières lettres, s'il lui écrivait, puis ce serait le silence. Elle épouserait un riche commerçant, ou un exploitant d'hévéas, ou un courtier en bois précieux, ou un beau lieutenant à la ressemblance d'Abilio Mendès, son image creuse, ou n'importe qui. Elle mûrirait en appartement, non point en fazenda, improbablement dans la jungle. Citadine, elle resterait près des magasins. Elle mûrirait et déclinerait avec une lenteur fastueuse, tout au long de sa vie lente à s'écouler.

On garde les êtres aimés, sans cependant en disposer, on les garde s'ils demeurent dans la jeunesse éternelle des morts.

Cette pensée illicite éclosait. C'était l'un des œufs

illicites et noirs du sinistre coucou. Mais comme ce coucou portait en lui qu'il avait raison à l'encontre de toute loi ! Comme, en même temps que sinistre, il était doux et consolant !

C'était là l'effet de l'imagination, sa tare. Avec quelle promptitude il imaginait, quel excès impuni ! Non, cela n'était pas impuni : tout devait être, d'une façon ou d'une autre, expié.

Beatriz apparut au coin de la ruelle. Son cœur sauta. Elle l'aimait. Ou bien elle s'était dit : « Allons voir ce pauvre Lucio une dernière fois. »

La page était ouverte de nouveau, avant que le livre dût être clos. Beatriz s'était conformée au jeu de celui qui voit, et de ce qui est vu, du regardant et du regardé, avant que l'album fît un bloc définitivement hermétique.

Elle avait les joues rouges, l'air triste.

— Bonjour, Lucio.

— Bonjour, Beatriz.

Tout de suite, il regarda sa poitrine contrainte par la robe bleue, qu'elle soulevait. Sous l'étoffe il y avait sa peau ; sous sa peau il y avait ses poumons.

— Je suis encore en retard. Excuse-moi.

Ses poumons roses, sains, qui lui ouvraient la somptueuse allée d'une vie bien remplie — comme d'un parc où elle irait se promener sous les beaux arbres des hommes.

— Allons-nous vers la varzea ?

Alors il traduisit en lui-même : « Allons-nous vers ma mort imaginée ? »

Ils cheminèrent le long des maisons riveraines ; franchirent la rivière de la Cachoeirinha, qui souffla sur eux l'haleine, riche en brouillard, de la haute jungle ; suivirent le bord du fleuve, de moins en moins habité, de moins en moins domestiqué, sauvage enfin, sans s'être parlé, sans que l'un ou l'autre eût pris l'initiative d'un mot.

Ce silence préludait au grand silence qui s'établirait aujourd'hui même, en fin de matinée, lorsqu'ils se seraient dit, non pas adieu, mais au revoir. Beatriz, alors, s'en irait. Il la verrait s'éloignant. Elle tournerait à l'angle de la ruelle. Puis elle serait abolie. Et à cet instant, lente et lourde comme une obscurité d'hiver dont on savait la venue fatale une fois rentré seul chez soi, mais dont on écartait l'idée tant que durait la journée parmi les hommes, et qui vient maintenant, après avoir été annoncée, promise, avec la lente douceur de ce qu'on ne peut pas combattre — à cet instant la tragédie s'abattrait sur lui. Quand le rideau serait tombé, l'actrice partie, la scène vide, alors la tragédie commencerait. Il savait qu'elle lui était réservée en personne, et que son cours irait silencieusement, ponctué jusqu'à la fin par les coups du cœur.

Telle qu'elle s'annonçait, il avait cependant le pouvoir de lui faire échec. Il pouvait la remplacer par une autre, bien plus épouvantable. Il ne serait pas la proie, mais l'auteur de la tragédie. Sa volonté, en intervenant, introduirait une horreur par laquelle l'autre serait recouverte, et la souffrance d'être malade et rejeté s'anéantirait dans l'abomination d'être coupable.

Ha! Croyait-il donc pouvoir, lui, détruire ce qui était jeune, et sain, et beau, et chéri? Fantasme risible! Perspective insensée! En lui-même il rit pour de bon. Il ne trouvait plus à rire qu'au spectacle intérieur de ses égarements.

Beatriz s'arrêta, suivant des yeux un vapeur à étages et longue cheminée, qui remontait le fleuve.

Lui, Lucio de Curva, n'avait humainement rien de comparable à ce bateau solide et têtu en lutte avec la force du courant. L'énergie produite par ses machines l'emportait sur la crue puissante, et il atteignait Manáos; peut-être pousserait-il jusqu'à Iquitos, très loin, au Pérou.

Son image, en fait de bateaux, lui était plutôt donnée par cette pirogue à la dérive, ses amarres rompues, qui croisait à présent le vapeur pour un parcours dont l'Amazone déciderait.

— De Belém, tu m'écriras?

— Oui.

Son profil brillait sur l'eau sombre.

— Peut-être as-tu raison, murmura-t-elle. Que vas-tu devenir, et que vais-je devenir?

C'était à la fois banal, parce que cela sortait du bain de l'évidence où tous deux pataugeaient, et confondant. La vérité, dont on supporte qu'elle soit nue dans l'eau trouble, sortait du bain, monstrueusement familière.

— Il ne faudrait pas nous engager l'un envers l'autre, dit-il, soulagé. Que je revienne guéri, et que tu sois encore libre, alors nous verrons.

— Quelque chose me fait honte, dans ce que nous devons nous dire.

— Ce n'est pas nous qui sommes mauvais, mais la maladie. Elle refuse la vie, et l'amour veut la vie. L'amour ne trouve pas son compte dans ce que la maladie lui enlève.

— Tu guériras, sans doute.

— Je ne sais pas.

— Nous nous écrirons, en tout cas. J'attendrai.

— Oui, Beatriz.

Voilà, c'était dénoué. Honnête et sensible Beatriz ! Elle avait assorti sa franchise d'une ouverture finale à l'espoir. D'une part irréprochable en ne lui cachant pas que son amour cédait à son désir de vivre, d'autre part irréprochable dans la fidélité qu'elle lui promettait, Beatriz s'en tirait toute pure, gagnante, sur l'envers et sur l'endroit. Elle avait joué les deux faces et gagné : la pièce, le drame retombait sur sa tranche.

Cependant que lui, au contraire, par son mal destructeur, était fautif en toute innocence, et par ses

rêves de meurtre, coupable en secret. Une responsa-
bilité qui lui était imputable — bien que portée par la
maladie —, et une autre qui était la sienne — bien que
destinée à ne jamais prendre corps — se liguaient pour
faire de lui un être repoussant.

Mais il y avait aussi son amour enroulé au cœur des
ténèbres naissantes, qui criait.

Beatriz regardait toujours le fleuve. C'était sans doute
une contemplation de pure forme, une contemplation
ostentatoire, pour permettre celle qu'il entretenait d'elle.

Ce visage voulait l'imprégner à jamais de l'image qu'il
lui offrait le 16 avril 1908. Et puis, après la séparation,
loin de lui, il perdrait de sa limpidité, il s'épanouirait,
il prendrait une force paisible, émouvante et dorée
comme une terre en automne.

Lui, Lucio, ne lirait pas les aventures toutes simples
de ce visage. A cela il revenait sans cesse. Il en conçut
soudainement une douleur presque nouvelle.

Tous deux se taisaient à nouveau, marchant parmi les
hautes herbes. L'eau était peu profonde de chaque côté
des tertres. Bien que son apparence fût placide et neutre,
elle offrait à l'amateur la commodité de tuer, insidieuse
en sa transparence à demi pleine d'arums. Elle émou-
vait comme d'une caresse la tentation du forfait.

Quel courage fou il lui aurait fallu, pour pousser
Beatriz dans l'eau, et l'y maintenir, des deux bras, tandis

qu'elle se serait débattue, et l'y enfoncer avec persévérance, et ainsi conserver la jeunesse de ce visage en même temps que lui la conserver, garder ce visage, non point comme une empreinte décollée de son support, mais comme un bien créé par son abolition ! De cette manière, la tragédie en grisaille qui l'attendait n'aurait pas lieu, annulée sous cette puissante horreur. Le poitrinaire mis au rebut s'évanouirait sous le meurtrier, et ni lésions, ni crachements de sang, ni paillasse d'infirmerie, ni insultes, ni mépris, ni solitude, ni mort ne prévaudraient contre la monstruosité d'avoir anéanti une jeune vie. Son amour, sa lésion, le perforerait : non pas son amour en forme, qui lui aurait échappé comme les formes le peuvent, mais son amour en creux, le creusant, actif tel un taraud, lui appartenant toujours plus à mesure que le trou s'agrandirait.

— Qu'est-ce que tu as, Lucio ?

Beatriz, alarmée, le regardait. Il se rendit compte qu'il avait peut-être eu les yeux fixes, des gestes sans raison, des mots étranges.

— Ne te torture pas.

Elle était si bouleversée, si belle ! En lui, une sorte d'empereur romain se levait et déclarait : « La vie pour elle ! »

— Sois un peu optimiste, Lucio. Aie confiance en ton corps, qui se défend. Dans les soins des médecins. En moi. Il y a tant de forces pour nous !

— Comme tu as raison ! Ce n'est pas si grave, d'être malade. Le plus grave, c'est que je suis idiot !

Il rit. Tout s'éclaircissait. Et Beatriz souriait. Le soleil, justement, piquait droit sur la varzea, au travers des nuages bleus. L'herbe jouait avec le vieux vent, qui racontait des parfums pris à la forêt andine.

Une épreuve se préparait, rien qu'une épreuve. Le visage de Beatriz serait tellement beau à son retour ! Les vapeurs patauds, à plusieurs niveaux de cabines et coiffés de leur cheminée grandiloquente, les *gaiolas* descendraient et remonteraient le fleuve Blanc, leurs messagers.

Ils se remirent à marcher, dans un silence presque léger, traversé par le vent des neiges.

Son imagination l'avait égaré, mais elle ne pouvait pas le perdre. Il n'était pas aveugle. Elle n'était pas celle que lui proposaient ses chimères, la nuit où il entrerait, mais celle dont la vie l'envelopperait finalement comme d'un vêtement de condamné, avec la discrétion du bourreau.

— Arrêtons-nous ici, puis nous rentrerons. Je suis fatiguée, dit Beatriz.

Elle s'assit sur une pile de troncs d'arbres qu'un exploitant ou un *fazendeiro* avait laissés là, et tout de suite poussa un hurlement affreux, strident, de bête mortellement percée. Incapable de bouger, il vit un serpent rouge qui frétillait dans les hautes herbes : la *cobra coral*

95

vermelha, peut-être le *jergon*. Beatriz continuait à hurler, en se tenant la main, en le regardant comme depuis un autre monde qui l'aurait aspirée, défigurée, corrompue.

— Non! Non! clamait-il, gémissait-il en désordre, cloué sur ce mot, empalé sur l'axe de ce mot.

Il avait pris Beatriz à bras-le-corps, et il tournait autour du mot appris par la bête pour refuser la mort. Elle s'en allait vers une profondeur invisible, dans une spirale où la vie et l'amour diminuaient en se dénaturant.

— Où as-tu été mordue? parvint-il à dire, oppressé.

Elle montra sa main, énorme déjà.

— Emmène-moi...

— Oui, oui, Beatriz.

— Emmène-moi...

Il la souleva. Il ne comprit pas comment il pouvait courir avec ce corps trop lourd dans les bras.

Alors qu'à l'aller ils n'avaient rien entrevu de suspect, vraiment comme s'il s'agissait d'un guet-apens, plusieurs reptiles s'enfuirent à leur approche sur les tesos. Les tesos en étaient infestés.

Soudain sans force, il marcha pesamment. Beatriz gémissait. Sa figure devenait plombée. Elle bavait.

Aucune maison encore. Mais que pouvaient les pauvres gens? Puisqu'un soleil faux de fin du monde éclairait la varzea infiniment étirée, il implora la présence, inopinée, surnaturelle, d'un Indien *brujo*. Il appela le sorcier. Le sauveur aux dents limées, peint en vert, coiffé par l'oiseau, vêtu par le serpent, nauséabond et méprisé, il le supplia d'être là.

Epuisé, il déposa Beatriz. Elle ne regardait plus rien. Ses yeux allaient à l'envers, ils tournaient. Elle s'endormait en se retenant aux mots qu'elle avait dits.

— Emmène-moi...

Il la serra dans ses bras, puis la souleva pour l'emporter et tomba avec elle.

Pitoyable, à la différence d'Abilio Mendès, il ne pouvait plus que l'appeler, comme d'une région à une autre région d'où elle aurait pu lui répondre.

— Beatriz...

Toujours tenue entre ses bras, elle s'abandonna vers la terre, très lourde. Lui aussi devenait du plomb. Le sentiment de l'absurdité l'écrasait. Il s'enfonçait dans la vie inapte à le soutenir.

Il devenait plus lourd que la vie, bien trop légère, extravagante, discréditée. Et il appelait Beatriz, de la profondeur qu'il avait atteinte à celle, beaucoup plus grande, où elle était déposée.

ONÇA

*La nature est comme cette
image que présente le prisme :
tout y est nuancé à l'infini.*

Bonnet

Le bras gauche étendu sur le plat-bord de la lancha,
André Alexeïeff regardait les flots jaunes. Pas de travail depuis quelque temps au consulat ; pas de travail
attendu, ni même prévisible : excellente occasion d'aller
se reposer dans sa résidence, face à l'île da Eva. Souvent il y était allé, depuis sa nomination au poste de
consul général de Russie à Manáos, qu'avait suivie de
près l'achat d'une ancienne fazenda, sans qu'il eût

attendu ses émoluments. Les roubles de la famille Alexeïeff valaient leur pesant d'or, à côté des reis en papier de l'Etat d'Amazonas, dépréciés en diable d'une année sur l'autre. Souvent il avait descendu le fleuve Blanc, le long de ses rives boisées au ras de l'eau, monotones. Avec Emiliano, l'homme de peine métis attaché au consulat, mais à vrai dire préposé seulement au service de la lancha, où il se montrait expert, dévoué et muet comme un mort, sa tranquillité était assurée. Beaucoup d'indigènes, lui semblait-il, inclinaient au bavardage. Bien sûr, Emiliano ne savait pas le russe, mais il savait que lui connaissait le portugais. Or pas un mot, sinon : « Mes respects, Excellence », « Bien, Excellence ». Dans ces conditions, il lui était possible, chaque fois, de s'abandonner à l'euphorie à laquelle le flot jaune, impétueux et lourd, les rives basses, le ciel blême, le conviaient ; à cette sorte de descente au tombeau, de dérive funèbre, lente quoique rapide, sur ces eaux opaques et sous ce ciel opaque, parallèlement à cette haie d'arbres de même hauteur, de même teinte, tous serrés les uns contre les autres sans qu'un seul dépassât, comme prosternés en obéissance à Perséphone. Il avait tout loisir de goûter une démission, un repos que même sa vie inactive ne lui permettait pas dans l'ordinaire des jours, mais seulement cette mort apparente où il glissait tel un trépassé conscient. « Quelle ironie, pensait-il chaque fois, que l'Amazonie, poumon du monde, ait cet air de ne pas inhaler d'air, ni d'en exhaler, cet air d'être sans air, qui justement ne caractérise pas le poumon ! »

Ce poste (mais il pensait sinécure) de consul de Russie à Manáos correspondait en tout point aux dispositions dont il avait fait montre dès l'enfance, aux prédictions de sa famille, aux sombres présages de son père — officier d'artillerie — et aux espoirs de sa mère. C'est bien au fait de ses penchants naturels qu'il avait sollicité, par le moyen d'interventions en chaîne, cette planque en Amérique du Sud ; mais peu après son débarquement, son installation et l'achat de la fazenda, c'est son mode de vie qui lui avait comprendre en quoi ces penchants péchaient contre la vie. Au vrai, dès l'arrivée à Belém, dans l'estuaire, il avait un peu compris. Il avait eu une révélation étrange à voir l'océan bleu, le mascaret, qui enfonçait les eaux jaunâtres du Pará (non point à cause de l'image, mais du sentiment que suscitait chez lui cette image), l'Atlantique vivant qui contrariait, tourmentait et refoulait ces eaux bourbeuses, cadavéreuses. En amont de Belém, eaux et terres se confondaient dans leur tristesse plate, et il y avait vu aussitôt un cloaque, un pourrissoir d'où lui venaient une rumeur d'appel et une sourde promesse.

— Cigarette, Emiliano.

— Bien, Excellence.

L'Amazone était conforme à ce qui l'irriguait lui-même : un sang trop lourd, peut-être. Il était donc à peu près certain que la vie lui convenait dans la mesure où elle n'exagérait pas, et même dans la mesure où elle s'amoindrissait vers le degré zéro. Ou bien était-ce autre chose ? Fallait-il chercher une plus juste explication dans le fait qu'en Amazonie les éléments liquide et végétal excluaient tout le reste, et qu'ils incitaient à une vie végétative ? A l'instar des plantes, ne plongeait-il point ses racines où il s'était implanté, ne s'y fanait-il pas doucement ? Et l'eau partout présente, envahissante, lourdement emmenée entre les berges du « rio Mar », détournée par mille paranas, dormante au creux des lacs de varzea, stagnante dans les *baixas*, l'eau immense, ramifiée, tortueuse ou pourrie ne le ramenait-elle pas au regret d'une eau tout autre, où il avait baigné avant de venir au monde ?

Quoi qu'il en fût, l'ambiance du consulat à Manáos, les trajets en lancha bien plus encore, mais les séjours dans sa fazenda surtout l'avaient édifié sur sa propre nature. Elle s'y complaisait. Elle nageait tel un lourd poisson, inoffensif et pourtant doué de barbes venimeuses, dans l'aquarium amazonien, évoluant languissamment des herbes troubles du consulat à celles de la fazenda.

Les circulaires d'Isvolski n'y provoquaient aucun remous. C'était si loin, le Japon, la Bosnie et l'Herzégovine, dont on s'occupait à présent, comme on s'occupe à régler des frais d'enterrement ! Point d'autre annexion, ici, que celle à laquelle procédaient les eaux coalisées du Solimóes et du rio Negro — annexion saisonnière des terres basses. Point d'autre désastre que l'endommagement des abords de la ferme.

Le bras étendu sur le plat-bord, Alexeïeff fumait sa cigarette. Il regarda, à la fois absent et attentif, les falaises (phénomène géologique) où le lac de Puraquequara, pour se déverser, avait pratiqué une incision. Les rochers Morona étaient là, en travers de la bouche du lac, comme l'épine dorsale de bêtes antédiluviennes englouties.

Les berges se relevèrent, et que d'arbres, que d'arbres, encore et toujours, entre tant de ciel et tant d'eau ! On n'avait pas dénombré toutes les essences. Impossible. C'était un pandémonium végétal, et nul être humain ne hantait l'enfer des plantes, à moins qu'il ne fût indien, ou fou, donc dépourvu d'herbier, de carnet et de crayon — sauf peut-être quelque botaniste devenu fou sur place. La forêt gardait les chercheurs de diamants — où était passé Webbs ? — et d'orchidées — *de profundis*, Karamisanoff ! Là-dedans, il aurait eu peur à en perdre la raison. Mais, vu de la chaloupe, cela faisait une bordure au lit mouvant qu'il descendait presque endormi ; endormi dans une lucidité opaque, pathologiquement heureux, sans doute atteint par un virus très spécial. Le ciel toujours brouillé le recouvrait tel un drap, et l'eau déplaçait sous son corps un grand matelas souillé. Quelle maladie, enfin, donnait le pays à l'être né pour l'habiter, qui y avait trouvé ses correspondances secrètes ? Il avait le mal du pays où il demeurait, qu'il avait choisi, et probablement c'en étaient les signes prémonitoires qui avaient lui dans son regard d'enfant, devant sa mère inquiète et l'officier d'artillerie désarmé.

A son gouvernail, Emiliano se taisait. Emiliano : un excellent pilote et une tombe. Juste le genre d'homme qu'il appréciait. Cela lui remit en mémoire qu'il voulait augmenter son salaire. La compétence et la discrétion doivent être encouragées.

Ils s'engagèrent dans le parana da Eva. Les fermes alternaient avec les cacaoyères. Un peu en amont de la bouche du rio Preto, la chaloupe obliqua puis accosta le ponton.

Alexeïeff, d'une enjambée, fut à terre. Il se dirigea vers la fazenda ; la longue terrasse, les six portes et le vaste avant-toit cabossé lui procurèrent un sentiment de paix hybride, semblable à ces fleurs dont on ne sait pas si elles embaument ou sentent mauvais.

Les deux domestiques, Miguel et Adelita, s'inclinèrent.
— Nos respects, Excellence.

Il parcourut les pièces, humant l'odeur des meubles cirés. Ce n'était pas une inspection pour s'assurer du bon entretien des lieux. C'était qu'il éprouvait le désir de tout revoir, de dire bonjour, en sorte, aux choses lui appartenant, surtout aux fétiches, dans le secret dessein de se les concilier.

Sa paume flatta la paroi convexe et fraîche d'un pot en terre poreuse, où l'eau se conservait très buvable. Il caressa le dossier d'une chaise cannée. Son index fit une glissade le long du bahut en cèdre rouge. De la même manière que pour l'encolure d'un cheval, il flatta le *camotim*, l'urne funéraire indienne. Il ouvrit un livre qui se trouvait là, lut quelques mots, puis le referma avec soin, liturgiquement, comme un antiphonaire. C'était *le Masque de neige*, d'Alexandre Blok ; il y avait lu au hasard :

> *Mon cœur, en secret, aspire à la mort,*
> *Il glisse, il glisse, mon cœur léger.*

Suspendue au mur un peu plus loin, la tête réduite à cheveux blonds le piégea, une fois encore, dans une méditation fixe, sans ouverture, n'évoluant jamais. Car il se demandait alors quelle avait été cette femme, jeune ou moins jeune, belle ou quelconque ; cette question insoluble était un cadenas à la porte de l'imagination ; il ne conjecturait rien au-delà, il ne le pouvait pas ; il restait pendu au crochet d'une définitive énigme.

Il sortit derrière la fazenda. De son jardin, il pouvait être fier sans contredit. Il y avait là toute une cour impériale de fleurs, où les orchidées étaient les tsarines. Plus

105

doucement encore qu'il n'avait refermé le recueil poétique de Blok, il souleva un cattleya à grandes fleurs violettes, au lourd parfum. De ses mains vouées à la plume, inaptes à tenir le sabre, il câlina les corolles mauves et brunes de l'*Orelha de burro*. Une foison de couleurs, d'arômes, l'enivrait. Il sombrait dans les drogues, les alcools répandus de la rose Monte-Christo à teinte de vieux sang, de la rose Palmeirao comme du sang frais, de l'œillet, de l'angelica, du jasmin de Cayenne, du gardénia surabondant, que les jeunes filles russes auraient cueilli avec ravissement pour orner leur décolleté. A moins qu'auparavant elles n'eussent succombé à la malaria, les exquises jeunes filles russes.

Pour ce qui était des orchidées, il devait à Karamisanoff d'en avoir les plus rares espèces. Celui-ci lui en avait rapporté les graines, de ses pérégrinations insensées, de ses voyages dans le haut Tapajós, le haut Madeira, vers les introuvables sources, sans escorte, fanatisé, somme toute incurablement russe.

Rentrant à la fazenda, il se souvint de Karamisanoff au milieu des fleurs. Un élément où cet homme s'était senti chez lui, plus que parmi les hommes. Le plus drôle était ce contraste que lui et elles avaient fait : lui, toujours d'une tenue suspecte, le col et les manchettes sales, elles lavées par la rosée, suaves. Douées du mouvement et de la parole, elles lui eussent mis leurs corolles sur les mains, et elles l'eussent cajolé, car il les aimait.

Rien de plus tendre que le geste de Karamisanoff pour les prendre, et son langage pour les décrire.

Il vint à l'esprit d'Alexeïeff que la meilleure destinée *post mortem* de Karamisanoff, sinon sa meilleure mort, aurait dû être son ingestion par des fleurs carnivores. Rien d'impossible, d'ailleurs, à ce que la chose se fût réellement produite.

Il passa de nouveau devant la tête réduite aux cheveux blonds, le bahut, l'urne, le livre, le pot. Miguel plaçait les bouteilles de bière dans le vase en terre poreuse à demi empli d'eau. Adelita préparait le repas du soir.

De la terrasse, il aperçut Emiliano qui devait réparer quelque avarie à la lancha. Au-delà, le parana en crue moyenne charriait son limon. Et l'île da Eva s'endormait, bercée par les larges feuilles chuchotantes des arbres à cacao.

Alexeïeff alla chercher de quoi lire dans sa bibliothèque, puis s'étendit dans son fauteuil en rotin, sans pour cela être bien convaincu du besoin qu'il était censé avoir d'ouvrir un livre. Il s'agissait des *Dieux ressuscités*, de Merejkovski. En compagnie de ces dieux il s'était jusqu'alors bien diverti, et il n'avait aucune envie de les remettre au tombeau d'un livre prématurément refermé, quoique, au fond, cela lui fût égal.

La moindre attention intellectuelle, ce soir-là, lui semblait inopportune, tant le paysage la réclamait pour lui-même sous une forme plus douce : sentimentale et métaphysique. Quelque chose d'analogue à une prière émanait du parana, et de l'île en face, afin qu'ils fussent entendus avec tout l'abandon possible. Ils cherchaient à lui apprendre (avait-il l'impression) le complément de ce qu'il savait, par quoi il eût été admis à une connaissance nue derrière ses multiples masques. Personne n'avait percé le sens de la vie, personne au monde, ni prophètes, ni saints, ni ermites, ni savants, ni poètes, ni aventuriers, et il sentait que ce parana coulant dans la lumière du soir allait incessamment le lui révéler, pour peu qu'il prît la peine d'y être attentif. De fait, il capta les premiers signes, émis dans le code de l'eau et des arbres, d'un message qui n'avait rien de réjouissant, d'un message lugubre, presque épouvantable. Il crut voir une ombre passer, telle une éclipse éphémère, il crut respirer une odeur, telle qu'elle s'exhale des bœufs noyés dans les baixas. Etait-ce donc que l'unique sens de la vie, abstrait en soi, se matérialisait pour lui apparaître, sous les espèces du rapace planant et du miasme putride, tout comme le Christ était visible sous celles du pain et du vin ? Si ce sens-là était le vrai, il valait mieux que nul homme au monde ne sût le découvrir, ni même l'approchât de trop près. Au fond, tout ne venait-il pas de ses chimères ? Qu'avait à dire ce pauvre parana, qui ne fût voulu par lui, André Alexeïeff, dit et entendu en lui seul ? Voilà, c'était parfait ainsi. Toute certitude écartée quant au sens probable de l'existence, l'homme pouvait prier, mériter le ciel, passer dans l'éternel amour des amants suicidés, écrire du sublime, fleurir les tombes, songer à de lcintaines sphères tournant comme des manèges dans une fête foraine surnaturelle, où les âmes font le grand huit.

Pour rompre le charme, il vérifia la propreté de sa culotte de cavalier et de ses bottes en cuir rouge. Il se leva, laissa le livre de Merejkovski sur le fauteuil et alla voir où en était le repas.

La table était mise. Adelita surveillait la cuisson d'une belle sole, l'*amarança*, dont il était friand. Il y avait aussi du potage au tapioca et de la bouillie de maïs vert, proposés à son choix dans les soupières indiennes. Les moustiquaires étaient tirées. La haute chandelle allumait le cristal et la faïence avec cette douceur un peu lugubre chez Ruysdael, qui nimbe les vaisseliers.

Il sortit encore un peu, attendant que le poisson fût servi. Le parana s'écoulait presque blanc dans la nuit tombée. Des constellations étaient nées, inscrites au phosphore, dans les cacaoyères obscures, où ces étoiles fantasques étaient les *pyrilampos* qui volaient.

Soudain, il entendit un jaguar. C'était la première fois, depuis qu'il vivait en Amazonie, et d'ailleurs inhabituel. Cette bête se risquait assez peu au voisinage des fermes, bien que le bétail dût la tenter. Cela lui fit comprendre que le fazendeiro qui l'avait précédé ici eût jugé utile, toutefois, de construire un piège dans le jardin ; chacun connaissait son emplacement et le contournait.

Miguel aussi l'avait entendu. Traînant la savate, il vint vers lui, peu tranquille.

— Onça !

— Rien à craindre, dit Alexeïeff.

De toute façon, Adelita entrait en scène pour annoncer un repas beaucoup moins incertain que celui de ce pauvre gros chat famélique. Le repas du consul.

— Excellence : poisson.

Peu après qu'Alexeïeff se fut installé dans son fauteuil à bascule, le lendemain matin, avec ce livre de Merejkovski, il vit un canot aborder le ponton. Qui donc lui rendait visite ? Il n'attendait personne. Du canot sauta — maladroitement, lui sembla-t-il — un homme de haute taille. Le batelier lui passa son bagage, une simple sacoche, puis le canot s'en retourna.

Difficile à mettre un nom sur cette silhouette progressant vers lui à grands pas. L'homme s'arrêta lorsqu'il fut devant la terrasse.

— André Vladimirovitch Alexeïeff ?

Etre appelé ainsi lui certifiait qu'il avait affaire à un Russe ; lequel, selon toute apparence, le connaissait en personne ou de réputation.

— C'est moi, répondit-il en se levant.

Il alla vers son visiteur. Celui-ci portait un costume

râpé et des souliers bas. Son visage avec une barbe de plusieurs jours avait la lividité symptomatique des fièvres.

— Bonjour. Serge Petrovitch Teleganine.

— Teleganine ?

— Tu ne me reconnais pas.

— A vrai dire, non.

— Nous étions inséparables au lycée, à Pétersbourg.

— Mon Dieu, comme c'est loin ! Le lycée ! Serge Teleganine, voyons... Oh, par saint Nicolas, comme c'est loin ! Je me rappelle, à présent. Mais entre donc, repose-toi. Une chaise, Miguel !

Le visiteur s'assit sans se faire prier davantage. Il semblait à bout de forces. Alexeïeff ne ressentait rien.

— Comment sais-tu que je suis ici ?

— J'ai pris des renseignements. Au consulat, on m'a dit que tu étais allé te reposer dans ta ferme. J'ai cru bien faire en louant un canot pour venir ici. J'espère que je ne t'importune pas ?

— Non, non. Mais, dis-moi, est-ce bien à Manáos que tu l'as su ?

— Oui, répondit Teleganine après avoir hésité.

— Alors, tu es en voyage, tu visites l'Amazonie.

— C'est cela.

— Coïncidence, dit Alexeïeff.

Comme si ce mot l'y avait décidé, Teleganine confessa, avec un peu de mauvaise grâce :

— Pour être exact, je l'ai appris à Paris.

— Que je suis consul à Manáos.

— Oui. Il y a eu malentendu. J'ai cru que tu me demandais comment je savais que tu te trouves ici, dans ta ferme, quand toi tu entendais : ici, consul à Manáos. Pour la première chose, c'est à Manáos que je l'ai sue. Pour la seconde, à Paris. Voilà qui est conclu dialectiquement.

Il transpirait et avait l'air de souffrir.

— T'es-tu renseigné à Paris pour savoir le nom du consul de Russie à Manáos, parce que tu avais le projet de voyager en Amazonie, ou bien l'as-tu fait pour apprendre où je me trouve ?

— Question logique, reconnut Teleganine avec une expression de jouissance intellectuelle dans ses yeux fiévreux. A la seconde proposition je réponds par l'affirmative.

— Ne me dis pas que tu es venu jusqu'en Amérique pour me voir ! s'exclama Alexeïeff, rieur.

— J'avais le désir d'un voyage. Te sachant ici, je suis venu.

— Fidélité à une amitié d'enfance.

Teleganine réfléchit.

— A n'en pas douter, répondit-il.

— Avant d'en dire plus, j'avoue que ton état m'inquiète. Prends-tu de la quinine ?

— Non. Est-ce qu'il le faut ?

112

— Indispensable contre les fièvres, surtout à celui qui débarque. Il te faut tes vingt centigrammes de bromhydrate de quinine par jour.

— Les fièvres, c'est cela, opina Teleganine à la manière du malade qui parle comme le médecin.

— La malaria, dit Alexeïeff modestement.

Puis il se tourna vers l'intérieur de la fazenda.

— Miguel! Quinine pour le senhor.

— En vérité, je ne me sens pas dans mon assiette. Tu me sauves, André Vladimirovitch! J'ai des frissons, et j'ai mal aux yeux et aux oreilles.

— Depuis combien de temps es-tu arrivé?

— Dix jours.

— Il est temps de te soigner. Peut-être feras-tu bien de consulter un médecin à Manáos. Quand y retournes-tu?

— On m'a dit au consulat que tu ne t'absentes pas plus d'un jour ou deux, ordinairement. C'est pourquoi je n'ai pas demandé au batelier de venir me reprendre.

— J'avais l'intention de rester cinq jours, cette fois.

Contrarié, Alexeïeff regarda son visiteur sans parvenir à s'éclaircir la physionomie, qu'il sentait devenue sombre et monumentale. (Ce dernier aspect lui ayant été précisé par des témoins dignes de foi.)

— Excuse-moi, André Vladimirovitch.

— Alors, je t'offre l'hospitalité. Il y a une chambre libre. Tu es chez toi.

— Merci. Je vois que les vieilles traditions russes ne se perdent pas, sous l'équateur.

— Il ne manquerait plus que cela !

Quand l'homme eut avalé sa quinine, Alexeïeff lui proposa, comme bien s'entend, la visite des lieux où il le gardait malgré lui. Ils entrèrent dans la pénombre ordonnée, aux odeurs de bois et d'encaustique, parfumée à l'eucalyptus.

— Comment se porte ta famille ? s'enquit Alexeïeff par savoir-vivre. (Bien qu'il ne le sût guère et inclinât plutôt à mévivre.)

— Mes parents existent. Ma sœur a épousé un Français, attaché d'ambassade, et vit à Paris. Mon frère Dimitri est déporté à Arkhangelsk, mon frère Léon à Sakhaline, et le cadet, Alexis, est mort.

— Quel tableau, en peu de mots, soupira Alexeïeff.

— C'est l'école réaliste.

— Je suis désolé pour tes frères, vraiment navré.

— Nous aurons sans doute l'occasion d'en reparler, dit Téléganine, mais d'ores et déjà je puis te dire qu'il n'y a pas lieu d'en être désolé, comme d'une maladie ou d'un accident. Ce n'est pas là le fait du hasard. Cela découle en droite ligne d'un engagement politique donné.

— Certes.

— Un tel engagement comporte des risques, qui sont assumés au départ.

— J'en conviens tout à fait.

114

— Dès lors, la déportation est un malheur, si l'on veut, par ceci qu'elle suspend l'activité politique, mais elle n'a pas à être déplorée, en tant qu'elle constitue la sanction d'une attitude politique.

Ils passèrent devant le bahut en cèdre rouge, où étaient exposés le camotim et autres poteries indiennes, fétiches et sarbacanes. Teleganine ne voyait rien. Il se conduisait en ensorcelé cherchant visiblement à tromper le monde sur son état ; mais lui, Alexeïeff, avait assez vu d'hommes sous l'emprise d'un brujo pour les reconnaître.

Cependant, le condisciple de Pétersbourg s'intéressa à la tête réduite aux cheveux blonds.

— Bizarre, commenta-t-il.

— Oui, approuva son hôte, et il se suspendit encore une fois au piège de ce visage suspendu, qui posait un problème pour toujours en suspens, avec une précision froide et surnaturelle suspendant aussi le temps durant lequel on regardait, si bien qu'il n'y avait plus que ce visage momifié et ce visage vivant face à face au cœur d'une éternité transitoire.

— Qu'est-ce que cela ?

— Pardon ?

— Qu'est-ce que c'est ?

— Une tête réduite par les Jivaros.

Teleganine plissa les paupières.

— D'une exemplaire barbarie et d'un art exemplaire.

— On peut se demander, dit Alexeïeff, si cette femme était adolescente ou d'âge mûr, jolie ou quelconque.

— Aucune importance. L'intérêt de cette tête est qu'elle procède à la fois de la sauvagerie et de l'art, qui ne sont point, la preuve en est, antinomiques.

— Cette réduction signifie tout de même qu'un être a été tué, et le côté humain, pour moi, prime les autres côtés.

— C'est le côté anecdotique, André Vladimirovitch. Tant de gens vivent et meurent de toutes les façons imaginables qu'il est vain de vouloir spéculer à ce propos dans l'imaginaire. Seul compte le concret. Une vie misérable, dont je suis témoin, confirme ce que je sais quant aux causes de cette misère. Et cette tête sauvagement et artistement réduite suscite chez moi une réflexion relative à la sauvagerie et à l'art. Le concret, le fait, l'objet, voilà ce qui importe, André Vladimirovitch.

Barbu et livide, il tremblotait.

— Cependant...

Mais à quoi bon ? Alexeïeff comprenait parfaitement que le système mental de son visiteur assimilait l'imaginaire au sentimental avec une certitude qu'on ne fléchit pas.

— L'idéalisme transplanté fleurit dans la serre équatoriale, dit Teleganine en essayant de sourire.

116

Le repas de midi achevé, ils s'installèrent à l'ombre de l'avant-toit, chacun dans son rocking-chair. Le soleil braquait un phare puissant, mais embrumé, sur la mer végétale de l'île da Eva, qui saignait lourdement, baignait en ses hémorragies de sucs, de quintessences, d'élixirs. Rien qu'un léger souffle produit par le déplacement d'eau balançait les palmes des cocotiers. On eût dit qu'elles rêvaient en leur somnolence qu'elles se mouvaient, les fougères arborescentes, fichées et éployées, massif perdu, à l'orée de la cacaoyère, tant il était difficile de déceler leur mouvement. Et les trois vaches paissant à côté avaient l'air en plomb. Eternel, le parana coulait. Il vivait sans fin entre la perpétuelle naissance de ses sources et sa mort perpétuelle dans l'océan. Quand depuis longtemps il serait poussière — songeait Alexeïeff — le fleuve continuerait à naître, dans les montagnes de Guyane, du Pérou, du Mato Grosso, et à mourir au sein de l'Atlantique, à jamais.

Il eût volontiers choisi la rêverie torpide si Téléganine n'avait bougé convulsivement, comme en ébullution mentale. Le monde ambiant n'existait pas pour cet homme, non plus que lui-même en tant qu'être réceptif. Quelque chose en lui vivait à sa place, une sorte de puissant parasite du cerveau.

— Le lycée Alexandre, où nous nous sommes connus, prépare surtout à la carrière diplomatique. Suis-je indiscret de te demander ce que tu fais ? dit Alexeïeff.

— J'avais obtenu un poste enviable, tant par la rétribution que par le mode de vie, mais sans intérêt aucun, et c'était celui de chargé d'affaires au Luxembourg. La cour du grand-duc Adolphe ne représentait pas assez pour qu'on y entretînt un ambassadeur. Cependant, on tenait à ce que l'empire y fût représenté. Un jeune diplomate désireux de faire ses armes sans être obligé de se battre, même à pointes mouchetées, c'était suffisant pour le grand-duché. Mais l'enregistrement pur et simple des notes du ministère, les intrigues de cour, les bals et les parties de chasse m'ont fait comprendre à quel point les intérêts de la Russie n'avaient pas en moi le meilleur serviteur.

— Et comment as-tu remédié à cela ?

— J'ai demandé mon rappel et géré le domaine de mes parents, à Pskov.

— Tu as abandonné la carrière diplomatique.

— Oui.

— Fort bien, mais pourquoi estimes-tu servir mieux la Russie en t'occupant de tes propres affaires ?

— C'est une couverture. J'ai des activités politiques.

Dès ce moment, Alexeïeff se sentit détaché. Ce ne fut point par distraction soudaine qu'il observa les flots jaunes du parana, mais bien parce qu'ils lui apparurent d'un intérêt supérieur. C'était comme s'il les avait négligés impardonnablement et s'empressait de leur revenir.

— Je servais sous le comte Lamsdorf, ajouta Teleganine sans raison apparente.

— Ah, le comte Lamsdorf, répondit Alexeïeff d'une voix neutre.

— Et toi, tu sers sous Isvolski.

— Oui, et alors ?

— Que penses-tu d'Isvolski ?

— Je préfère m'abstenir.

— Sans doute parce que ton jugement te compromettrait, André Vladimirovitch.

— Pas le moins du monde.

— Libre à toi de ne pas me confier ta pensée, mais moi je vais te dire la mienne sur Isvolski. On a beau chuchoter plaisamment que Lamsdorf cultivait la force d'inertie et observait à outrance le principe *Quieta non movere*, il n'en reste pas moins qu'en répugnant aux alliances il voulait une Russie qui eût les mains libres. Tandis qu'Isvolski rampe ici et là, cajolant les Allemands, faisant la courbette aux Anglais, du genou aux Français, tout sucre et miel avec les Autrichiens, qui l'ont eu dans les grandes largeurs. Ces chassés-croisés, ces quêtes d'alliances et ces hauts marchandages n'ont aucunement pour but, note-le bien, l'intérêt de la Russie, mais la seule gloire personnelle d'Isvolski. Il faudrait, d'ailleurs, en parler à l'imparfait, car Isvolski est fini. Il est encore en place après avoir dû présenter sa démission. Qu'un ministre des Affaires étrangères démissionnaire par nécessité soit conservé tout de même, grâce à je ne sais quelles intrigues, dans un pays bouleversé par les luttes politiques, voilà qui en dit long sur l'incompétence et l'avachissement du pouvoir. Bien entendu, au fond des choses, Lamsdorf était un rat. Il a été jeté à l'eau et remplacé par le rat Isvolski. Lequel est maintenu alors qu'il voudrait sauter. On prétend que les rats quittent un navire qui va sombrer. Là, on les en empêche. Sans doute parce qu'ils constituent l'équipage. Imagines-tu des rats à la barre et aux machines ?

Teleganine retomba dans le fauteuil à bascule, pour mettre un point à sa déclamation.

— Me demander de spéculer dans l'imaginaire est pour le moins contradictoire, répondit Alexeïeff.

Son interlocuteur n'eut pas l'air de comprendre.

— Tu exagères de t'en prendre ainsi à Lamsdorf et Isvolski, ajouta-t-il avec indulgence. Tu le sais bien : ce qui se rapporte à la politique interne est du ressort du tsar, du ministère de l'Intérieur et du Conseil d'Empire.

— D'accord, et je te sais gré de n'avoir pas nommé la Douma, mais tu oublies le président du Conseil et la charogne de moine.

— Chacun sait, dit Alexeïeff en éludant la question de Raspoutine avec toutes les autres, que le ministère des Affaires étrangères et le Saint-Synode sont les compartiments les moins responsables.

— Tu devrais dire : les cabines les plus douillettes du navire impérial qui s'enfonce. Assurément, Lamsdorf et Isvolski se valent, en ceci qu'ils sont de simples pantins décorés courant les capitales, tandis qu'empereurs et rois signent, sans le leur dire, des accords secrets sur des yachts, devant du caviar et de la vodka. Accords, d'ailleurs, sans valeur juridique et vite infirmés. Il m'est tout à fait impossible de me défendre d'une comparaison avec un monde de pauvres bêtes. Décidément, cela s'impose. Alors que les rats courent l'Europe pour grignoter, la suprême larve se fait hypnotiser par un serpent, et les chiens de garde aboient et mordent.

— Effrayant tableau, et je suppose que moi aussi je suis quelque bête en ce zoo ?

— Sauf le respect que j'ai pour toi..., commença Téléganine, décontenancé et tenté à la fois.

— Allons, allons, ne me cache rien.

— Eh bien ! ricana-t-il, eh bien ! André Vladimirovitch, selon toute apparence : la taupe !

C'était si proche de la vérité qu'Alexeïeff ne put vraiment s'empêcher de rire à ce bon mot.

Le visiteur, d'un air sournois, souriait, puis il redevint sérieux, comprenant peut-être qu'il ressemblait à un singe et devait biffer cette image.

— Excuse-moi, André Vladimirovitch, mais j'aimerais te demander si les intérêts de la Russie te tiennent à cœur.

— Pourquoi ne serait-ce pas ? C'est ma patrie.

— As-tu donc la conviction de servir ta patrie ? poursuivit-il en y mettant une insistance déplaisante.

— Je sers le tsar.

— Et tu es convaincu, bien sûr, que les intérêts du tsar et ceux de la Russie coïncident ; que, par conséquent, servir l'un c'est servir l'autre.

— Je suis un petit consul en Amérique du Sud, non pas le tsar, ni le président du Conseil, ni le ministre des Affaires étrangères. Je ne suis pas de ceux qui sont aux commandes et orientent la politique nationale, en fonction de données qu'ils connaissent.

— Il est vrai, concéda Teleganine quelque peu radouci, qu'à Manáos tu ne peux avoir pleine connaissance des réels problèmes du pays. Déjà, dans une cour d'Europe comme celle du grand-duc Adolphe, et même celle de François-Joseph, ils n'apparaissent pas. Alors, à plus forte raison ici, en pleine jungle, parmi les sauvages et les singes. (A ce moment-là, il regarda le paysage avec une expression méprisante et terrorisée.) Aussi, j'aurais mauvaise grâce à te faire grief d'être sans avis sur ce que tu méconnais. Par contre, étant diplomate, tu es au fait de notre politique extérieure. C'est pourquoi je t'ai parlé de Lamsdorf et d'Isvolski. Or tu préfères t'abstenir de juger Isvolski. Ce en quoi je ne te comprends pas.

— Est-ce si anormal, aujourd'hui, de s'abstenir de juger ?

Il apparut à Alexeïeff que, par cette réplique, au demeurant conforme à l'obligation de réserve d'un haut fonctionnaire, il effectuait une sorte de repli stratégique derrière les dix commandements. Ce qui l'amusa fort, car il ne croyait ni en Dieu ni au diable, et d'ailleurs à rien.

— Oui, répondit Teleganine. On est pour, ou on est contre.

— Pas de milieu ?

— Le milieu, la demi-mesure, existent dans l'esprit de celui qui s'en accommode, qui y trouve son confort le plus souvent, mais selon la réalité objective ça n'existe pas.

— Je me fous de la réalité objective, dit Alexeïeff sans animosité, du ton qu'il aurait eu pour proposer une banane.

— Ecoute-moi, je t'en prie, André Vladimirovitch. Si je t'ai parlé de Lamsdorf, puis d'Isvolski, c'est qu'ils dénotent parfaitement la tare du régime qui les solde. Ils sont la sécrétion de ce régime. Admettons qu'une certaine initiative dans la conduite des affaires extérieures — bien sûr contrôlée en haut lieu — leur soit laissée. Dans ce sens, disons qu'un Lamsdorf a été un moindre mal, puisqu'il était partisan d'une Russie sans alliances, indépendante, tournée vers ses difficultés propres. Mais que dire d'Isvolski ? Qu'en dire, sinon qu'au lieu de tempérer la manie des alliances, des ruptures, des intrigues, des cachotteries auxquelles les cousins couronnés se plaisent, il l'a copieusement secondée ? Qu'en dire, sinon qu'il a cette manie lui-même au point de la mener jusqu'à ses funestes conséquences, qu'il a fait les cours au trot, couru les cabinets et les châteaux, embrouillé les fils à plaisir, manigancé dans son bureau, élaboré des prétentions sans fondement, irréelles — et tout cela pour briller, pour graver en lettres d'or le nom d'Isvolski dans l'histoire de la diplomatie russe, d'abord, et ensuite, à présent qu'il patauge dans le discrédit, par ressentiment personnel envers le chancelier d'Autriche, artisan de sa chute ?

Au terme de cette nouvelle harangue, Teleganine se replongea dans le rocking-chair, tel un moribond venant de proférer ses dernières volontés. Et le fait était que la fièvre paludéenne lui dessinait le masque livide de celui qui va *ad patres*. Il tremblait.

Alexeïeff se demanda pourquoi il était là. Cette présence gagnait en absurdité ; elle devenait incongrue comme celle d'un singe au Kremlin, plus que cela : d'un singe venu exprès dire quelque chose, délégué plénipotentiaire auprès du tsar (la tsarine recevait bien un porc), et il résolut de s'en débarrasser sur-le-champ. Il allait enjoindre à Teleganine de consulter sans plus attendre un médecin à Manáos. Il allait le renvoyer dans la lancha, avec Emiliano.

— Il est de toute urgence que tu voies un médecin, aujourd'hui même, lui dit-il. Ton état semble s'aggraver. Emiliano te transportera.

A son grand étonnement, Teleganine déclina cette offre.

— Non, non. Je me sens beaucoup mieux après avoir pris la quinine. Et puis, je n'en ai pas fini avec mon argumentation.

— Comment ? Y a-t-il une argumentation qui tienne, à côté de ton état ?

— Je suis venu te dire quelque chose. Sans cela, pourquoi serais-je ici ? Et je m'y applique en ce moment.

— Voyons, nous aurons tout le loisir de reprendre cet entretien au consulat, lorsque tu seras mieux.

— Je n'ai pas l'intention de rester cinq jours à Manáos. Mais je t'aurai vite tout dit, rassure-toi. Il faut seulement que mon argumentation se poursuive jusqu'à son terme. C'est dialectique.

— Alors, je te mettrai dans la lancha quand tu auras terminé.

— Convenu, si tu estimes que...

— C'est sérieux, la malaria.

Teleganine le dévisagea fixement.

— Et aussi la Russie, dit-il d'un air qui montrait que sur ce plan il ne plaisantait pas.

Alexeïeff imprima quelques mouvements au fauteuil à bascule. Le parana lui adressait un signe évolutif, d'amont en aval, quoique statique en somme, fait de sa rumeur, de son clapotis contre les berges et de sa teinte purulente. Il y répondit par un sourire qui signifiait : bientôt, plus tard. Il aurait voulu ne pas différer leur longue conversation silencieuse, ou bien savourer le livre de Merejkovski, ou bien se retirer parmi les fleurs, y invoquer, dans le violet, le blanc, le jaune tigré, le cramoisi, le rose saumon, les mânes de Karamisanoff pourrissant par amour sous ses ultimes orchidées.

Mais Teleganine fit un petit bond en avant.

— Vois-tu, André Vladimirovitch, une politique mauvaise et déloyale nous a entraînés dans cette guerre catastrophique avec le Japon. Par suite, il y a eu la révolution de 1905. Saignés à blanc comme nous le sommes, avec une armée démantibulée, un peuple effroyablement pauvre, il nous faudrait encore donner notre approbation patriotique aux jeux de cache-cache de l'empereur avec ses collègues du côté de la cuisse, cousins tarés qui se cherchent, se chatouillent et s'éborgnent dans le foin des nations. Il nous faudrait applaudir aux combinaisons d'un Isvolski risquant de foutre par terre le *statu quo* de la Baltique, à cause de cette question futile des îles d'Aland. On voudrait nous voir assumer avec Isvolski les responsabilités qu'il a prises en risquant d'envenimer la question du *statu quo* dans les Balkans : primo, en réclamant sans succès l'ouverture des détroits à nos navires en contrepartie de l'annexion de la Bosnie et de l'Herzégovine par l'Autriche, comme tu le sais, secundo, en réclamant cette même ouverture des détroits — propriété de Constantinople — à l'Italie, en échange de l'annexion projetée par l'Italie de la Cyrénaïque et de la Tripolitaine aux dépens de l'Empire ottoman ; et cela parce qu'ainsi l'Italie, membre de la Triple-Entente, en accordant ce que l'Autriche, son alliée, nous a refusé, aurait commis une infidélité envers l'Autriche, et somme toute parce que de cette manière Isvolski aurait pris une revanche personnelle sur Aehrental, comme tu ne le sais certainement pas. Mais ce margouillis de la haute politique est fait de si complexes et subtiles ordures que les mots de la langue maternelle sont impuissants à le décrire. Si je dois m'avouer incapable, non pas même d'une synthèse, mais d'un simple compte rendu sur ce marécage de la politique et de la diplomatie, moi qui connais cependant la diplomatie et la politique, comment admettre qu'un paysan illettré aille s'y faire tuer, comment admettre qu'on l'y force, au nom du tsar et de la sainte Russie ? C'est au massacre que conduisent toutes ces intrigues puantes des crapauds de haute volée. A la boucherie. (Teleganine gesticulait, comme secoué par une décharge électrique ; Alexeïeff remarqua que tous les boutons manquaient à la braguette de son pantalon.) C'est à la guerre du Japon. C'est à celle qui a bien failli arriver, si nous avions été en état de la faire contre l'Autriche. C'est à la prochaine, très imminente guerre. Mais le peuple ne veut pas la guerre. Il n'en veut pas, André Vladimirovitch. Alors qu'il crève de faim, lui importe-t-il que les îles d'Aland soient fortifiées et pourvues d'une garnison, que les cuirassés de sa Majesté impériale puissent franchir le Bosphore et les Dardanelles ? Que lui importe, quand il crève, André Vladimirovitch ? Servir le tsar ! Ha ! Ha ! Servir le tsar !

Sur ce, il cracha par terre.

— A en juger par la virulence de tes propos, tu partages sans doute avec tes frères les idées qui les ont fait déporter, l'un à Arkhangelsk, l'autre à Sakhaline ?

— Oui, à certaines différences près.

— Et lesquelles donc ?

— Dimitri et Léon sont nihilistes. Alexis l'était aussi. Il a été abattu lors d'une descente de police. Mes idées sont autres que les leurs, bien que les leurs et les miennes visent au renversement du régime et s'accordent quant aux buts immédiats. Il en est autrement pour les fins dernières.

— Alors, tes idées ?

— Disons : plus positives, se contenta de dire Teleganine avec l'air de sucer un berlingot.

En même temps qu'il se donnait l'attitude de celui

128

qui va droit au but, le mystère semblait lui plaire, vestige en lui d'un monde déchu qu'il excommuniait ; il le gardait jalousement en bouche, le suçait en enfant malade, condamné lui aussi. Le mystère était sa contrepartie secrète et sa dernière compensation.

— Et penses-tu que tes frères, quant au fond, aient tort par rapport à toi ?

— Non pas tort par rapport à moi, mais par rapport à la nécessité universelle. Ils ne sont pas dans le sens de l'histoire, expliqua Teleganine.

— Je remarque, dit Alexeïeff amusé, que notre entretien n'a presque pas cessé d'être un mutuel interrogatoire.

— Cela, je le trouve excellent. C'est dialectique.

— S'il en est ainsi, puis-je te poser encore une question ?

— Comment donc !

— Le fait que tu m'aies dit gérer le domaine de tes parents à Pskov pour couvrir tes activités politiques me semble peu compatible avec ta présence ici.

— J'ai été banni.

— Et tu voyages.

— J'établis des contacts, ou je les rétablis, voilà ce qu'il en est au juste.

— Je ne puis croire que tu sois venu en Amazonie exprès pour me rencontrer.

— Et pourtant si.

— Par saint Nicolas, il y faut beaucoup de temps et beaucoup d'argent !

— Cela me regarde.

— Oui, en effet. Peux-tu me dire, alors, le but de ta visite ?

— Cette visite, André Vladimirovitch, a un caractère particulier, car elle signifie avant tout que je renoue avec un ami de jeunesse. Nous avons été condisciples et camarades. Outre que tes qualités d'homme me sont restées en mémoire, je me rappelle fort bien ton inclination à l'étude, à l'analyse. Tu ne craignais personne de ton âge en matière de droit international. Tu te passionnais pour l'économie. Spéculer en philosophie te divertissait, tant tu y étais à l'aise. En peu de mots, tu montrais ce qu'on appelle des dons certains.

— Merci. Eh bien ?

— Il ne faut pas qu'ils se perdent inutilement dans cette grande mare.

— As-tu pensé que si j'ai démarché pour obtenir ce poste de consul à Manaós, cela a été par inclination au renoncement, tout aussi profonde que mon penchant pour l'effervescence des idées au lycée impérial ? On change, dans la vie. J'étais jeune homme ; je suis adulte.

Teleganine eut le regard d'un homme à qui l'on aurait dit avec conviction que la terre est plate. Après un instant de stupeur, il parut réfléchir à cette énormité qu'il venait d'entendre, mais contre laquelle il n'avait aucun argument dans l'immédiat. Il cherchait peut-être une feinte d'ordre tactique. Enfin, il lui dit sur un ton délibérément évasif :

— Comme tu voudras, mais je pensais à ton avenir.

— Mon avenir ?

Une expression poignante altéra encore les traits du prosélyte, penché en avant sur le fauteuil à bascule.

— Ecoute-moi bien, André Vladimirovitch : tu dois quitter le navire qui sombre.

— Je ne suis pas, que je sache, un rat.

Teleganine recula, interloqué.

— Je ne suis pas un rat, reprit-il. Je resterai sur le navire, près du commandant, avec les responsabilités qu'il m'a confiées, et je sombrerai en même temps que lui.

— Bah, dit le visiteur en se reprenant, il suffit de s'entendre sur le sens des mots. On doit surtout les employer d'une manière consciente et judicieuse, non pas inconsidérée comme je viens de le faire, car le vrai navire s'appelle la Russie. Un commandement de larve, un équipage de serpents, de chiens et de rats le mène à sa perte. Il s'agit de jeter tout ce monde-là par-dessus bord et de reprendre ferme le timon, pour sauver la Russie.

— Non, je m'en tiens au sens premier que tu as donné au mot avec juste raison. Il est question du navire impérial. J'y suis embarqué. S'il sombre, je sombre. Et puis après, Serge Petrovitch ? Tout sombre en son temps.

131

— Fatalisme, proféra Teleganine.

— Sombrent les régimes, les civilisations. Sombrent les bateaux avec leurs marins. La pierre sombre, jetée dans l'Amazone. La branche pourrie sombre dans l'humus. L'esprit sombre dans la folie. La vie sombre dans la mort, Serge Petrovitch.

— L'idéalisme ! Cette maladie qui ronge la Russie, du moujik jusqu'au tsar ! Il nous appartient de l'extirper. Le monde aussi doit changer, il change, il mute, le monde, mais cette métamorphose a lieu dans les douleurs. Elle doit être assistée comme un enfantement. J'étais venu te prier d'être des nôtres.

— Regarde, le soleil, dans quelques heures, sombrera derrière la ligne de la forêt.

— Pas du tout, rectifia Teleganine. Le soleil ne sombre pas. C'est la terre qui tourne.

— Il me semble que je le savais, pourtant.

— Ne l'oublie plus, à l'avenir, et tout ira mieux, André Vladimirovitch.

— On retourne en vieillissant au vocabulaire des ancêtres.

Puisque Teleganine, renversé dans le rocking-chair, ménageait un silence psychologique afin que ses derniers mots fussent pesés selon leur poids, Alexeïeff en profita pour regarder l'île da Eva, le ciel jaune et les oiseaux amazoniens. La forêt plate, les eaux, invitaient l'œil à glisser, horizontalement, sur l'expression élémentaire que toutes choses recommençaient. S'il y avait au monde une vérité objective, pensa Alexeïeff, elle n'existait pas chez l'homme, même quand il prétendait la tenir de la nature et l'extraire de la nature sous forme d'axiomes ; elle était en deçà et au-delà de lui, dans l'univers, et tout au plus l'homme pouvait-il la pressentir par glissement de son esprit, par son abandon total à une subtile imprégnation, en regardant comment les eaux s'écoulent, dès leurs sources, avec quelles péripéties, quels ravages, quelle ampleur finissante, vers quelle fin, partout et sans cesse.

Il eut envie de dire une formule lapidaire de la vieille sagesse : « Dans le doute abstiens-toi », mais il s'abstint.

Les cacaoyères bruirent soudain, derrière les vaches en plomb.

Alors qu'ils se taisaient, une pirogue passa dans le chenal entre la berge et l'île da Eva. Un courant profond l'apporta presque au bord, mais les eaux latérales du parana dévièrent sa course, la refoulèrent et la mirent dans le sens invincible des deux cours confondus. Elle était à l'évidence sans occupant. La crue avait dû rompre ses amarres et l'emporter. Ainsi s'en allant à la dérive où s'en allaient les milliards de mètres cube d'eau collectés par le bassin amazonien, elle suscita une comparaison dans l'esprit d'Alexeïeff.

— Le sens du fleuve et le sens de l'histoire se ressemblent-ils, par hasard ?

Teleganine réfléchit, perplexe. Il suivait du regard, lui aussi, la pirogue disparaissant.

— Cette embarcation livrée à elle-même, qui obéit au sens du fleuve parce qu'elle y est emportée, constitue le parfait exemple de ce qu'on ne doit pas être. Il est essentiel que le bateau soit conduit, vers l'aval ou vers l'amont, peu importe, pourvu qu'une volonté le dirige là où il faut.

— Si le sens de l'histoire est comparable au sens du cours d'eau, conduit inexorablement vers l'aval, alors, à prétendre et à te vanter d'aller dans ce sens, tu n'es qu'emporté, le parfait exemple de ce que tu devrais ne pas être selon ta théorie ; ou alors le sens de l'histoire consiste dans la remontée du cours avec le moteur de la volonté, et je ne vois pas l'avantage de revenir en arrière ; à moins qu'il ne consiste à filer plus vite que lui, et je ne vois nullement l'avantage de précipiter le sens.

— Ah oui ? et pourquoi donc ?

— Considère ce que devient le fleuve en arrivant : il cesse, il meurt dans l'océan.

— Ah ! C'est admirable ! Voilà où aboutissent les métaphores dont l'idéalisme se délecte, cria Teleganine. A la disparition de l'histoire, tout simplement.

— L'histoire mourra comme le reste, dit Alexeïeff en éprouvant du doigt le cuir de sa botte.

— Foutaises idéalistes !

— Le fleuve court de sa source à la mer ; la vie glisse de la naissance au décès ; l'histoire va du beau jardin au pur désert, à cet instant final où le dernier mot palpitera dans le silence comme un poisson privé d'eau. Il fera couac, *couac* ! (proféra-t-il dans l'oreille douloureuse de Teleganine ahuri, qui eut un mouvement de recul) et nul ne l'entendra parmi les morts ; et personne — m'entends-tu ? — ne l'aura prononcé !

Le pauvre homme se pencha vers lui, raide et tremblant.

— Parlons donc de choses sérieuses. Je te propose un retour au réel. Tu ignores à quel point tout va mal, en Russie. Une autre révolution est imminente. Il y a toutes chances pour qu'elle aboutisse. Tu ne te rends pas compte à quel point le pouvoir est corrompu, les esprits surchauffés, les grèves nombreuses, dures, tenaces, et surtout, surtout, André Vladimirovitch — car dans la sphère diplomatique on reste ignorant par système de ce qui a une importance suprême : le peuple —, combien est grande la misère du peuple russe !

— Je le sais. Crois-tu que je m'en réjouisse ?

— Il faut y remédier, et quitter le chœur des pleureuses pour le corps des médecins. Ce serait dans ton intérêt, je te le dis tout net. Le régime impérial n'en a plus pour longtemps.

— C'est bien possible.

— Selon des méthodes différentes, presque toutes les

forces vives de Russie s'emploient à sa chute, continua Teleganine. Il y a la manière expéditive : comme Alexandre II a été liquidé, Stolypine le sera probablement, et peut-être même Nicolas II. C'est la manière des anarchistes, des nihilistes et des socialistes révolutionnaires. Il y a la nôtre, qui paiera à moyen terme : le noyautage, les grèves, les meetings, l'éveil de la conscience populaire. De son côté, la bourgeoisie libérale prend le vent et tourne à gauche. Elle ne veut plus se commettre avec l'autocratie, en qui elle a perdu confiance. (Il se pressa les yeux en grimaçant, assez longtemps, puis les rouvrit : leur blanc jaunâtre et strié de sang exprimait un vilain symptôme.) Même une fraction de la noblesse, dégoûtée, lucide, penche pour un vrai régime constitutionnel et le soutiendrait volontiers. Je pense à quelques grands-ducs. Tout le monde en a assez. Je te le dis, André Vladimirovitch, l'empire est à l'agonie.

— Je ne dis pas le contraire, admit Alexeïeff en continuant à apprécier entre ses doigts la souplesse de ses bottes en cuir rouge.

— Alors ?

— Alors, quoi ?

— Viens donc avec nous, du bon côté.

— Pourquoi ne me laisse-t-on pas tranquille ?

— C'est par amitié que j'essaie de te convaincre. Et puis, tu as des aptitudes.

— En quoi pourraient-elles vous servir ?

— Si tu demandais ton rappel, tu œuvrerais utilement sur place.

— Et comme la plupart d'entre vous, je serais bien vite exilé ou déporté.

— Pas si sûr. Beaucoup des nôtres tiennent bon en Russie. Et ceux qui sont exilés ne restent pas inactifs. Oulianov et Trotski s'évertuent en Europe, pour ne citer qu'eux.

— Qui sont ces gens-là ?

— Comment se fait-il que ?... Mais il est vrai qu'à Manáos... Ce sont les compagnons, nous nous connaissons, nous avons un excellent système de liaison et d'information. C'est notre force. Mais que penses-tu donc ? Cela n'a rien d'un artisanat ! As-tu seulement entendu parler, dans ta forêt, de la deuxième Internationale ? Il y a des congrès ! C'est l'effervescence ! Le monde bascule, André Vladimirovitch ! Que sont, comparées à ce bouleversement, les vues minables d'un Isvolski ?

— En effet, ce que tu me rapportes a l'air impressionnant. Mais je n'ai pas compétence pour en juger, et je n'ai pas le désir de cette compétence, dit Alexeïeff s'apercevant soudain qu'il était fatigué depuis plusieurs heures. (Il sentit un début de névralgie.)

Teleganine demeura figé dans le rocking-chair, bouche ouverte, le regard trouble derrière ses lunettes propres, très transparentes, qu'il avait maintes fois consciencieusement essuyées.

137

Le soleil « sombrait ». Les arbres de l'île da Eva devinrent plus nets, troncs et branches apparaissant bien parmi les feuilles, comme une circulation artérielle visible à travers la chair. L'âme de la corde. L'âme du canon. L'âme du violon. Ce qui est essentiel pour la production des effets. L'âme dure du monde vulnérable.

Miguel rentrait le bétail.

— Tu te rappelles d'Ereminski, d'Ivanov, au lycée, reprit Teleganine.

— Euh, oui.

— Eux aussi souhaitent ton adhésion. Ils sont en exil, à Paris.

— Oui, je me souviens d'Ereminski.

— Je te parle en mon propre nom, mais suis aussi leur porte-parole. Je suis tenu de rapporter ta réponse à Ereminski et Ivanov.

— Fort bien.

— Si tu dis non, je le leur transmettrai.

— Donc, transmets que c'est non. Fais ta commission.

— On en tiendra compte, murmura Teleganine en plissant les paupières (afin de donner à entrevoir des perspectives incertaines, peu gaies en tout cas).

— Cela ressemble à une menace, dit songeusement Alexeïeff.

— Non, ce n'est pas une menace. Nous notons pour mémoire.

— Est-ce qu'on ne peut pas me laisser tranquille, me laisser vivre ma propre vie et mourir de ma mort personnelle ?

— Ceux qui ne sont pas avec nous sont contre nous. C'est un nouvel adage qui s'est dégagé de l'observation des choses humaines. Les nuances agréent à ceux dont le souci prioritaire est le souci d'accommodement. C'était intelligent et cultivé, les nuances. C'était bien porté, le scepticisme au service des privilèges. Mais le fauteuil en velours grenat aux accoudoirs chantournés reposait sur un parquet véreux. La maison croule ! Elle croule d'elle-même, et au surplus il y a séisme ! Les nuances s'effondrent dans le tremblement de terre. La Russie marche sur les nuances. Elle les évacue avec des pelles.

Teleganine était allé trop loin. Il n'avait pas su s'arrêter sur la pente où il glissait. C'était une pente raide, ardente et glacée : peut-être le sens de l'histoire, après tout. Et il ne pouvait pas plus contrôler cette glissade que la pirogue sa dérive.

— Nous conversons depuis ce matin, dit Alexeïeff en se levant. Si nous nous accordions un intermède ? J'aimerais m'occuper de quelques affaires.

— Peut-être réfléchiras-tu, aussi, à ce que je t'ai dit ?

— Certainement, Serge Petrovitch.

Calmé, et même de bonne humeur dans une certaine mesure, Teleganine se leva à son tour.

— Eh bien, je vais me dégourdir les jambes. Je te laisse

à tes réflexions. Qu'y a-t-il donc d'intéressant à voir dans ta... propriété ? Car je ne vois devant moi que de l'herbe et de l'eau.

— Je ne te suggère pas un coup d'œil sur mon troupeau, dans l'étable de la fazenda, car les vaches amazoniennes diffèrent assez peu des vaches russes. Il y a de magnifiques orchidées au fond du jardin. Tu dois prendre le sentier qui longe la palissade.

Sans enthousiasme, Teleganine fit quelques pas. Ses yeux luisaient d'ironie quand il passa près d'Alexeïeff qui lui indiquait le chemin.

— Le bétail m'ennuie, et les fleurs m'endorment.

— Alors, reste ici. Veux-tu un livre ?

— Bah, une incursion dans le monde non théorique repose l'esprit et l'aère.

— C'est tout à fait mon avis.

— Et toi, au contraire, réfléchis. Réfléchis, André Vladimirovitch.

Teleganine traversa la terrasse jusqu'au petit escalier latéral. Son pas avait peu d'assurance. Il n'allait droit devant lui qu'emporté par le courant politique. Il déviait seulement à cause du paludisme, qui n'était pas une idée. La liberté, ou l'utopie, avait guidé ses pas jusqu'à les amener se perdre au Brésil, et le Brésil introduisait sa grande dame noire, la malaria, pour l'égarement final.

La nature non plus ne tergiverse pas, pensait Alexeïeff

envahi d'une sorte de compassion floue, exténuée. Elle brisait les intransigeances et les accommodements sans faire la différence et les piétinait ensemble.

Lorsque le labadens du lycée Alexandre à Saint-Pétersbourg eut disparu dans le jardin, Alexeïeff rentra. Miguel colmatait la fissure d'un vase. Adelita préparait des crêpes au manioc. Assis par terre dans la véranda latérale, Emiliano taillait un nouveau gouvernail pour la lancha ; Emiliano absorbé, en pantalon blanc, parmi les copeaux. Sa moustache ressemblait à celle de Nietzsche.

De retour sur la terrasse, il accorda une attention toute spéciale, peut-être injustifiée, suspecte, significative d'autre chose qu'elle recouvrait, comme le drap recouvre le mort, à la plus forte clarté qui nimbait la bouche du rio Preto. Il vit une haute importance instantanée, peut-être sans proportion avec ce qui était réellement important, peut-être surestimée, et cependant très haute, aiguë et urgente, dans le halo que dessinaient les eaux sauvages du rio Preto jetées à l'Amazone. C'était une clarté qui naissait où toutes les autres mouraient, à l'opposé du couchant. Quand à l'ouest triomphaient les ors, les pourpres, les incarnats en quelque sorte légitimes, elle s'élevait donc en infraction ; elle narguait les lois qui veulent qu'au crépuscule la lumière s'enrichisse d'un côté et s'appauvrisse de l'autre.

En partie, les eaux du rio Urubu se déversaient là, venues de la forêt impraticable. Elles apportaient avec elles la phosphorescence prise aux tombeaux et aux trésors de l'Eldorado. Pourquoi n'eût-il pas été là-haut, justement, au sud des sierras de Guyane, l'Eldorado fantôme, pour toujours impossible d'accès en quelque part, comme il était toujours plus loin dans l'ordre des idéaux ?

Mauve, la ligne végétale de l'île da Eva, jaune, le parana : d'une douceur dorée le grand fleuve et ses flancs étaient empreints. Il s'en fallait de peu qu'un bateau antique ne vînt à passer, au lieu d'une gaiola, portant ses pèlerins pour Cythère. Ici évoquée, Cythère était une autre planète, et le passé, et la jeunesse, et l'espoir, autant d'autres planètes dont il s'éloignait en éprouvant l'horrible euphorie du noyé.

C'était cela : il y avait en lui, confondus, l'apaisement et le malaise. Lesquels s'intensifiaient avec le déclin du soleil. Un autre motif que la perte de sa jeunesse les suscitait, un motif tout différent, mais sans doute pas si différent au fond, car les séquelles, les conséquences de son espoir mort s'y déposaient en rouge : c'était l'hémorragie tardive de son espoir tué, qui ne lui retirait en personne aucune goutte de sang.

Alexeïeff rentra. Ce n'était pas qu'il eût désiré une rencontre nouvelle avec le camotim et la tête, et cependant ce fut devant lui et devant elle qu'il se retrouva.

Il caressa l'urne funéraire puis commença un tête-à-tête avec le petit visage renfrogné. Autour de celui-ci, et bien plus bas, pendaient les cheveux blonds, si fins, si brillants, si beaux qu'ils perpétuaient à travers les siècles un éclair d'adolescence courtisée, heureuse pendant une tea-party à Boston puis éteinte avec une flèche empoisonnée. Ou un coutelas, ou un javelot.

Ce destin ne serait jamais révélé. Il pendait, sans nom, à un clou. Il pendait dans le gouffre des âges où par milliards d'autres destins avaient disparu et disparaîtraient encore.

Quelle importance avait-il parmi le nombre ? eût ricané Teleganine. Mais lui, Alexeïeff, ne comptait point par quantités, il ne comptait point par tonnes. Cette tête à portée de sa main, il pouvait en effleurer du doigt les sourcils, les paupières, les lèvres. Ce n'était pas un ornement, une pièce de musée, une œuvre d'art. C'était infiniment plus : un visage, et infiniment plus encore, incommensurablement davantage (un visage pouvant être factice), avec toute l'horreur qui s'y attache, agrandie par sa nature imputrescible. C'était une morte.

Alexeïeff s'aperçut de la fin du jour. Sous peu il ferait sombre. La tête réduisait à rien le temps, même excessif, de sa contemplation. Il lui sembla qu'elle mangeait l'abstraite venaison, à la table de l'éternité, dans le château d'un dieu, et qu'elle permettait au mortel d'en respirer les fumets.

Le soleil frôlait la cime des arbres, au loin. Alexeïeff, dans l'angoisse et la paix, alla doucement jusqu'au bout du jardin. Le jasmin de Cayenne embaumait lorsqu'il l'écartait du dos de la main. Il s'arrêta au bord du trou feuillu qu'ouvrait le piège à jaguar. Teleganine était au fond, empalé.

Il cria dans l'air humide.

— Emiliano ! Miguel !

Ils accoururent. Leurs pantalons blancs palpitaient comme des papillons. Ils regardèrent eux aussi.

— *Sangue de Deus* ! s'exclama Miguel.

Il fit le geste d'enlever son chapeau qu'il avait laissé à la fazenda.

Emiliano restait bouche cousue sous la moustache de Nietzsche.

— *Onça*, dit Alexeïeff en portugais, pour oraison funèbre.

C'était un court commentaire, et les domestiques n'avaient ni le droit, ni d'ailleurs l'envie, de commenter quoi que ce fût dans le grand silence en velours de la nuit amazonienne, où les crapauds par myriades commencèrent à tinter.

— Sortez-le du piège, et donnez-le aux piranhas.

— Bien, Excellence, répondit Emiliano.

INES

Le docteur Henriquès contrôla les aiguilles de la pendule, qui allaient indiquer, la petite le neuf, la grande le douze, heure ni trop matinale ni trop tardive que lui-même avait déterminée comme étant celle où la prisonnière devrait être mise en place pour la première fois. Il s'agissait là d'une expérience médicale à des fins d'observation, avait-il dit au commandant de la forteresse, Jaime Cumbral, et pour cela il ne tenait pas à ce que le sujet fût exposé dans la cave des interrogatoires, où la soldatesque avait ses entrées, mais dans une annexe de l'infirmerie qu'il ferait aménager tout exprès. Cumbral avait donné son assentiment avant même d'avoir tout écouté, parce que de son côté il avait été impatient de dire quelque chose de bien plus important que la façon d'utiliser une détenue : il était nouvel actionnaire dans la compagnie des tramways à Belém.

Henriquès était satisfait de la diligence et du soin avec lesquels les charpentiers avaient construit l'appareil selon ses directives précises. De ces appareils-là, très probablement il devait y en avoir eu au Moyen Age ou chez les Barbaresques, mais pour concevoir le sien il ne s'était inspiré d'aucune gravure, que d'ailleurs il eût été bien en peine de trouver. Ses seules estimations lui avaient suffi. Restait à les soumettre à l'usage, qui les révélerait justes ou bien peut-être le contraindrait à corriger le rapport des distances — ce qui était capital — car il avait une idée extrêmement rigoureuse de la manière dont le corps devait être disposé.

Il récapitula les détails de l'agencement avec la fièvre d'un artiste : au sol, une poutre percée de deux trous de part en part, afin d'y introduire les lanières devant lier les pieds ; deux bracelets de cuir au bout de deux cordes coulées plus haut dans des anneaux, puis nouées plus bas à des crochets ; enfin, à mi-hauteur, une section d'un tronc décortiqué, présentant un cylindre lisse fixé à l'horizontale au moyen de deux broches scellées dans le mur. Il avait prévu les broches d'une longueur d'un demi-mètre. Cela faisait soixante-cinq centimètres avec le diamètre du tronc. Celui-ci était placé à un niveau tel que la courbe des reins, l'ensellure, pût l'épouser parfaitement, car le système perdrait son plein effet à mal recevoir le corps par sa tranche flexible.

Ce calcul à vue de nez était imputable à son tempérament, qui n'était pas celui d'un pragmatiste, mais d'un artiste élaborant en imagination. Que n'allait-il, sur-le-champ, vérifier si cela marchait selon ses plans, puisqu'il était neuf heures passées à la pendule ? Mais la fièvre le retenait. Il reculait l'instant de feu où l'imaginaire et la réalité fusionneraient.

Devant lui coulait le rio Amazonas, puissant et gonflé. Il le regarda à travers les carreaux inférieurs de la petite fenêtre en face de laquelle il avait installé son bureau, et dont la tablette d'appui était encombrée d'objets hétéroclites. Ou plutôt il en regarda le cours discontinu, masqué ou non par le relief de ce capharnaüm ; flou derrière les flacons en verre mousse ; barré de canules, de trocarts et de pinces en faisceau, pêle-mêle dans un pot ; voilé de toiles d'araignées et là, au coin, traversant les cavités orbitaires d'un crâne d'Indien Parintintin sans son occipital.

Sa chemise lui collait au corps. Il transpirait à cause du feu qui prenait en lui, le feu d'un fait accompli, sans qu'il fût encore allé le constater, accompli objectivement, selon son vœu, là, au bout du couloir. Si ses ordres avaient été exécutés, tout devait être au point, les deux soldats repartis sitôt la mise en place. C'était neuf heures dix.

Alors il mit sa veste d'uniforme et alla voir Inès

Doloroza. (Peut-être l'avait-il choisie pour sujet d'étude en raison de son nom prédestiné.)

Il ouvrit la porte de l'annexe. Elle était là, n'attendant apparemment rien, ou rien de tellement pire que les affres déjà souffertes, nulle chose qu'elle pût craindre désormais : sa tête abandonnée en arrière exprimait, ni plus ni moins, une position physique. Il se pouvait aussi qu'elle fût à bout de forces. Oui, cette hypothèse devait être retenue.

Elle était vêtue d'une sorte de jupe que lui avait confectionnée la buandière avec des serpillières rapportées, car il y avait longtemps que ses propres vêtements n'existaient plus. Cette jupe dont elle était ceinte pendait du bassin jusqu'à mi-cuisse, très raide et très mal seyante parce que faite en grosse toile d'étoupe, qu'alternativement la saleté et la lessive, et les bains désinfectants, avaient empesée. Ses cheveux mesuraient environ deux centimètres. Ils avaient repoussé depuis sa maladie pédiculaire qui avait exigé qu'on la tonde.

Tout de suite, se réservant d'étudier plus tard ce qui lui attirait l'œil avec une force envoûtante : le thorax d'Inès, il vérifia si l'appareil était bien conçu. A première vue, il l'était. Rien à dire sur la façon impeccable dont les lanières assujettissaient les pieds bien à plat sur la poutre. Le niveau de fixation du tronc d'arbre correspondait à celui des reins ; l'ensellure s'y incurvait à ravir.

Les soldats n'avaient donné aux bracelets qu'un rôle de simple soutien, si bien que les bras d'Inès offraient l'attitude fléchie du repos. Cela n'empêchait pas que son léger renversement mît le thorax en évidence, qu'il pût être assez prodigue des détails dont il était fait juste sous la peau, en un mot de sa structure, et voilà ce que Henriquès avait rêvé de voir et d'étudier, voilà quel allait être l'objet de sa méticuleuse passion — très exactement cela.

Il fit glisser le bout de ses doigts sur la peau tendue. Le climat équatorial et l'absence d'aération dans l'annexe provoquaient une belle diaphorèse. Celle-ci jouerait son rôle, pour ce qui était d'amener le sujet en l'état physiologique idéal. Elle nappait le buste d'une pellicule brillante qui accentuait l'amincissement. Cette mise en relief, cette sorte d'excavation archéologique dans la chair que produisait l'étirement, il était visible que la sueur la fignolait, lui donnait le fini d'une fouille scrupuleuse. Elle déposait comme une onde pure après un orage, grâce à quoi le moindre relief retenait la lumière oblique tombant de la lucarne. Ainsi, avec autant de netteté qu'un chapiteau ou qu'un sarcophage mouillé par la pluie, les côtes lui révélaient, tant au doigt qu'à l'œil, leurs beaux arcs doubles. Lentement, il en fit le compte. Son majeur glissant de haut en bas sur la peau moite entreprit la première séance de dénombrement. D'entre les seins menus, presque inexistants, qui ne le gênaient guère, il coula en déviant jusqu'au point du flanc où la herse osseuse s'achevait. Les trois fausses côtes, de part et d'autre, saillaient comme il se devait, comme le lever des bras l'offre d'ordinaire. L'appendice xiphoïde inscrivait modérément sa pointe médiane. Quatre des côtes sternales se voyaient, mais ce n'était que du dessin, nullement de la gravure : au crayon bien appuyé alors qu'il désirait la rigueur de la pointe sèche, et même la force du burin. Trop peu de relief, estima-t-il, et quant au nombre, quatre ne suffisait pas. Si peu qu'il y en eût, la graisse s'interposait. La couche la plus infime faisait écran. Une nourriture moindre l'éliminerait assez vite. Il lui faudrait demander quelle était la ration servie à Inès.

Il s'efforça de bien enregistrer mentalement l'état constaté lors de cette première séance, afin de le noter et d'en suivre les progrès.

Faible était la clarté que répandait dans l'annexe la lucarne close, opaque, criblée de chiures, qui aurait pu être nettoyée s'il en avait donné l'ordre, mais c'était bien ainsi : elle donnait une lumière livide appropriée à cette lente apparition du squelette sur un vif. Elle créait l'atmosphère intermédiaire entre le plein jour et la tombe, entre cela d'où ce corps était venu, il y avait deux ans, et ceci où il descendait, où il descendait comme sur les échelons de ses propres côtes.

Des mouches virevoltaient. Inès gardait la tête renversée. Sa cage thoracique était l'œuvre d'art vivante, inachevée sur le chevalet, d'un nouveau Leonardo da Vinci.

Alors, à Leonardo, il apparut que les jambes tendaient à plier. Le corps s'affaissait, le dos glissait contre le cylindre. Attitude déplaisante. C'était dû au fait que les soldats n'avaient pas assez monté les bracelets, lesquels n'exerçaient pas la traction voulue.

Il défit les cordes nouées aux crochets, tira. Elles coulèrent dans les anneaux, rehaussant les bracelets et par conséquent le corps. Il fit une marque aux cordes, à l'endroit précis où elles pesaient dans les anneaux, avec un crayon rouge qu'il avait sur lui.

L'angle que décrivait chaque bras avec l'aisselle s'était considérablement ouvert. La patiente n'avait même pas gémi. Le déploiement de sa gorge précisait la saillie des sterno-cleido-mastoïdiens. N'eût-il pas joui des conditions les meilleures qui fussent pour observer le rythme respiratoire, il eût juré qu'elle était morte. Des mouches pompaient un peu de salive aux commissures de ses lèvres. Il les chassa sans y penser — réflexe de médecin.

La chaleur s'appesantissait, elle déposait son suaire. C'était à suffoquer. Sous peu, il y aurait la pluie.

Henriquès sortit et ferma la porte à clé — la porte de l'atelier, en somme, où l'œuvre se poursuivrait d'elle-même pendant une demi-heure, où elle tirerait, de

l'âpreté des cordes et des ponctions de l'humidité, toutes ressources pour devenir.

Le gardien, auquel il s'adressa sans perdre de temps,
lui dit qu'Inès recevait quotidiennement deux bols de
farine de manioc délayée dans de l'eau. Dorénavant,
lui ordonna Henriquès, il n'y aurait plus qu'un bol de
xibé, le matin ou le soir. Puis il regagna son bureau.
Il s'assit à sa table, face à l'Amazone que découpaient,
hachaient, aveuglaient ou brouillaient les choses sur la
tablette : l'Amazone comme à l'arrière-plan d'une vitrine
de musée médical à l'abandon, et qui aurait figuré par
exemple le côlon, ou mieux — la leucorrhée. Car la
crue donnait aux eaux leur abondance blanchâtre. Et,
comme si cela ne suffisait pas, une aspersion immense
grossissait ce débord d'humeurs aqueuses précipitées
des Cordillères, du Marañón, du Juruá, du Purus, du
Beni : il pleuvait.
Les orbites du crâne béaient sur la vapeur, une dérive
de fantômes. L'air était lourd, il couvrait tel un manteau trempé, mais somme toute Henriquès se trouvait
bien, ici. Il songea à quel point les conditions pouvaient être opposées, sous le même climat, dans la même
maison, au même instant, de quelqu'un qui regardait
un fleuve et de quelqu'un d'autre qu'on étirait.
Il consigna ses observations dans un dossier qu'il
avait intitulé : « Etude sur les progrès d'apparence du

relief thoracique, sur sujet vif en état d'extension ».
En tête du premier feuillet il écrivit : « *Traitements dénu-
tritif, extensif et sudorifique commencés le 15 avril
1908.* » Peut-être, expérience faite, modifierait-il le titre,
car il n'y apparaissait pas qu'elle contribuerait sans
doute dans une bien plus large mesure aux progrès
de l'ostéologie descriptive.

Un autre dossier l'occupa ensuite. Cumbral le lui
avait communiqué. Il y apprit qu'Inès Doloroza était
née le 2 juin 1888 — donc elle avait juste vingt ans —
à Santarém, de parents pauvres ; qu'elle était de race
blanche ; qu'elle avait appartenu à un groupe subversif
dirigé par l'agitateur Otelo Cameta, passé par les armes
depuis ; qu'elle avait été impliquée dans une manifesta-
tion d'ouvriers à Santarém ayant dégénéré en émeute
et coûté la vie à un soldat ; qu'elle avait été recher-
chée, appréhendée, incarcérée et condamnée à trente ans
d'emprisonnement, le 24 février 1906 ; qu'elle n'avait
pas apostasié, rien renié de ses principes séditieux,
malgré les secours de la foi catholique à elle apportés
par un prêtre lors de nombreuses visites ; qu'elle avait
eu trois fois le fouet pour insolence ; qu'elle avait eu
quelques atteintes périodiques de paludisme larvé, trai-
tées à la quinine (mais cela et le reste, il ne l'apprenait
pas), des accès de bronchite, l'impétigo généralisé, ayant
nécessité sa nudité complète au cachot sur du raphia
et des bains antiseptiques au phénol, et enfin les poux.

Il aurait dû compléter la fiche médicale en y mentionnant le traitement entrepris ce jour, si ce traitement pouvait être admis, en toute conscience, comme relevant de la médecine. Mais le pouvait-il ? Le fait qu'il procédât ainsi à des observations d'ordre anatomique n'était pas assimilable à des soins. C'était d'un chercheur, nullement d'un clinicien. Dès lors, ne valait-il pas mieux que la chose fût déclarée sur la fiche des châtiments corporels, comme expiatoire, pour un très grave délit au choix ? Ou fallait-il s'en tenir au dossier confidentiel?

Il rabattit toutes les pages et plaqua sa main dessus. Sa main, encore imprégnée d'un contact autrement désirable : d'une odeur un peu âcre, un peu musquée, pour une part celle du corps transpirant, pour une autre celle des substances où il végétait, le chanvre humide, la moisissure, la vapeur d'eau. Il était dix heures moins cinq.

Un tour de clé, et il fut à nouveau dans l'annexe. La pluie avait modifié très vite les conditions thermiques. Au lieu d'une température d'étuve, il y régnait à présent une tiédeur qui réfrigérait le corps en transpiration. C'était ainsi que l'on contractait des bronchites dans ce foutu pays.

La tête d'Inès pendait. Il semblait bien qu'en effet une heure d'étirement et de sudation avait amaigri le buste d'une façon notable, l'avait restreint, rapproché de sa plus stricte expression, de sa pure charpente ; il commençait à livrer les secrets d'une splendeur austère qui était sienne et que la graisse gardait encore pour une faible part ; il ressemblait à un ouvrage en ivoire, d'une grande finesse, dont la finesse était certes admirable en soi, mais qui se révélait maintenant empreint d'une écriture, et qui la décryptait lui-même peu à peu, l'amenait à une grave limpidité où toute l'espèce humaine pouvait lire son destin à découvert sans avoir besoin de livres. D'ivoire vivant, prodigue de sa richesse scripturaire, il enseignait que l'image de la vie renferme celle de la mort, visible par transparence, et que la vie signifie le lent changement de cette première image en cette autre qui lui correspond à l'intérieur.

Les dernières côtes dressaient avec la pointe du sternum un ressaut magnifiquement abrupt, sous lequel le glacis du ventre descendait en pente concave. Les intervalles des courbes étaient approfondis comme après un curage, et la sueur y circulait. Les fines structures de l'axe médian affleuraient entre les seins.

Il observa comment, à chaque inspiration, la distance verticale du thorax s'agrandissait par contraction du muscle diaphragme, comment le thorax se dilatait en avant et transversalement, à cet instant exagérant encore ses démonstrations de lui-même, ses offres, précieuses et brillantes.

Il déplaça, pour une étude tactile, sa paume sur cette douceur barreaudée. La sueur était froide. La peau jouait sur l'os comme de la soie autour d'un œuf.

Les seins d'Inès étaient si plats, et ses articulations si déliées, qu'il semblait qu'on eût affaire à une fillette qui aurait abusé l'autorité sur son âge. De faible pigmentation, plus roses que bruns, l'aréole était petite et le mamelon rentré. Il fit surgir celui-ci avec le doigt, en le froissant, et parvint même, après avoir insisté, à lui donner une forme de tétin acceptable. Enfin, il l'amena doucement à l'érection. L'annexe sentit le phosphore, comme si des miasmes de cimetière s'étaient introduits. Il remarqua un arc-en-ciel par la lucarne. Une grosse araignée remua dans sa toile.

Soudain, il n'eut plus envie d'être là. Il quitta la pièce et alla voir ses deux auxiliaires, auxquels il ordonna de détacher Inès et de la ramener à son cachot. Le lendemain, ils devraient la remettre en place à neuf heures, en prenant pour point d'arrêt, lorsqu'ils tireraient les cordes, la marque qu'il y avait faite au crayon rouge.

Une chaude journée en perspective. L'Amazone coulait lourdement sous un ciel brouillé. Il pleuvrait, une fois de plus. C'était une année d'invasion des eaux, pluviales et fluviales, un envahissement par le haut et par le bas, qui noyait les plantations, emportait le bétail, comme en 1904. Les eaux ne cessaient pas de monter et monteraient encore jusqu'à mi-juin. Mais la saison des pluies allait finir.

Il devait y avoir des infiltrations dans les soubassements de la prison, car les cachots devenaient boueux. Pour cette raison, afin qu'il ne fût pas incommodé pendant son étude, on lui remettait Inès lavée à grande eau et vêtue d'une serpillière sèche. Néanmoins, elle sentait la boue. C'était juste un peu écœurant, quoique grisant d'une certaine manière.

Une canonnière descendait le fleuve. Il la connaissait bien. C'était la *Perseverança*; elle rejoignait son port d'attache, Obidos. Tout cela était d'une banalité navrante. Que faire, que faire enfin, *sangue de Deus*, puisque Dieu avait déjà été saigné — dans l'impossibilité de le tuer encore une fois ? Tout le monde pataugeait. Il en était des hommes comme des vaches enlisées dans les varzeas.

Neuf heures moins cinq. Les soldats achevaient la mise en place.

C'était un corps banal de jeune fille, autrement dit répondant aux normes physiologiques, mais en fait privilégié par rapport à la moyenne lamentable que constituaient en Amazonie les obèses, les pataudes, les emphysémateuses, les scoliotiques et les efflanquées; somme toute, selon le vocabulaire du peuple : joli.

Il n'avait rien de morbide qui dût être soigné ; nul

mal, nulle infirmité ne l'enlaidissait ; il n'était ni scrofuleux ni estropié ; il était engagé, très intact en ses organes et très exact en son graphisme — qu'il devait à la nature et par surcroît à la prison — dans le processus d'élaboration de sa beauté secrète. Sa beauté squelettique se dégageait sans exclure sa beauté charnelle, elles étaient concomitantes, alors que d'ordinaire la mort et la vie les avaient pour bien respectif ; et voilà en quoi, lui, Henriquès, allait très loin sur le chemin difficile de la totalité, que prennent les vrais artistes.

La difficulté résidait en ceci que l'optimum pût être atteint sans une survenue prématurée de la mort, qui lui ravirait l'œuvre des mains. Mais il ne savait comment s'y prendre pour séduire cette mort et l'éconduire en même temps.

Il ne savait pas encore s'il poursuivrait l'expérience au risque de la voir interrompue de cette façon, qui lui déplaisait, ou bien s'il l'interromprait, renonçant au degré plus fort dont il n'obtiendrait en somme rien de capital.

Il regarda d'un œil distrait la navigation sur l'Amazone — lanchas et gaiolas à hautes cheminées obliques — dans l'attente de neuf heures dix.

Certains bateaux passaient dans les orbites vides de l'Indien. Jaime Cumbral l'avait invité ce soir pour le dîner et une partie de dominos. Dans le vase en verre rose de Murano crevait, fauve-fleur, une orchidée tigrée.

Tout vieillissait sans vie, sans force, étouffé par l'instant qui allait naître.

Il s'avança vers « l'œuvre », après avoir verrouillé la porte. Il s'avança vers son œuvre très sévèrement assujettie par la base, cambrée sur le cylindre et pendue aux cordes, toute blême à cause du peu de clarté précédant l'orage.

Inès avait la tête renversée. Elle était encore trempée de l'eau dont le gardien l'avait aspergée à pleins seaux. Ainsi, peut-être, le sculpteur arrosait-il le marbre pulvérulent et chaud qu'il travaillait. Cette aspersion n'avait pas pour seul effet d'enlever les macules ; abluante et illuminante, elle favorisait l'étude, elle révélait au plus près les audaces d'une étreinte pathétique de la peau avec ses tuteurs ténébreux : le muscle et l'os. Elle montrait comment l'os et le muscle courbaient la peau sur leurs formes implacables, l'asservissaient, l'amenaient à devenir ce qu'ils étaient eux-mêmes.

Au constat, il dut reconnaître que l'évolution espérée n'irait pas si vite, de jour en jour. Le rempart était joliment abrupt, mais pas assez incisif, qu'élevait le rebord chondro-costal. Les fausses côtes, sur chaque versant, transparaissaient dans leur arc complet, ou peu s'en fallait, jusqu'à la région dorsale, tandis que les vraies, bien nettes en bas, s'estompaient à mesure qu'elles étaient plus hautes, enrobées par les coussinets des seins.

La méthode brutale de l'extension donnerait sans doute les résultats les plus appréciables. C'était d'ailleurs sur elle qu'il comptait. Réduire la ration de xibé n'avait qu'une valeur adjuvante.

Comme il était beau, déjà, ce thorax trempé et luisant, bien en avant du cou à la renverse et de l'abdomen creux ! Inès incarnait la figure de proue d'un vaisseau imaginaire ; imaginaire, à moins que la science et l'art devant toujours progresser, fendre les eaux du possible, ne fussent ce vaisseau.

L'impatience fiévreuse le prit d'améliorer ce qui était — cette caractéristique impatience fiévreuse ; laquelle doit s'accommoder de petits calculs. En l'occurrence, c'était le calcul d'une certaine distance de corde, ni minime ni exagérée, qu'il s'agissait de tirer à travers les anneaux. Il l'évalua à cinq centimètres. Dénouant alors l'une des cordes nouées aux crochets, il lui fit gagner approximativement cette longueur à partir de la marque au crayon rouge. Il la renoua et traça une marque nouvelle. Il procéda de même pour l'autre corde.

Les bracelets ainsi rehaussés, un degré supérieur était atteint. Le résultat lui apparut d'emblée très net, plus net que prévu, un peu effrayant : sans doute, en soi, mauvais signe quant aux chances de cette gradation qu'il avait conçue.

Inès restait aussi muette qu'un poisson dont on déchiquetterait les ouïes, ou dont un vivisecteur trancherait le corps le long de l'arête. Cela ne lui avait arraché aucune plainte. Elle devenait, à peu de chose près, ce poisson partagé — son buste tout en épines presque nues sous une chair limpide.

Le corps torturé dénonçait ses origines. L'eau le baignait comme un rappel; non plus l'eau des seaux, évaporée, mais la sienne en remplacement, transsudée de lui-même, ruisselante. Transsudation qui œuvrait goutte à goutte à sa splendeur inverse.

Henriquès s'absenta, mais avec le sentiment qu'il fuyait. Il ferma la porte à clé comme s'il avait peur que ce corps pût le suivre.

Le chef gardien, consulté, lui fit son rapport : on n'apportait à la prisonnière qu'un seul bol de xibé par jour ; elle se laissait laver, changer et emmener sans la moindre résistance ; mais à l'égard du padre, revenu la voir, elle s'était montrée insolente. « Insolente ? Et de quelle manière ? » s'exclama-t-il aussitôt, surpris et excité, car il vit là prétexte à sanction, laquelle pouvait être la privation totale de xibé pour un temps. Il n'y avait rien de formulé, admit le gardien. Selon les dires du padre, elle avait eu pour lui un regard insolent, manifestement insolent. Elle n'avait pas desserré les dents. « Voyez-vous ça, commenta-t-il d'un air dur. — Vous vous rendez compte ? appuya le gardien. — Jusque dans l'épreuve,

161

point de repentir, ajouta-t-il. — Têtue comme une bourrique » enchérit le gardien. Il n'avait qu'un mot à dire pour que le processus d'émaciation pût être accéléré. Mais cela n'irait pas sans gros risques. Tentation palpitante que celle-ci. Cependant il la rejeta. Il s'en tiendrait aux cordes.

Le chef gardien, Silverio, n'avait pas une tenue soignée, mais ses yeux étaient de loin ce qu'il avait de plus sale. Il regardait avec des cloaques. Ce détail incita Henriquès à susciter chez lui des confidences relatives à la détenue, car c'était improbable qu'il n'y en eût pas de toutes prêtes, qui n'attendissent point derrière ces lèvres trop épaisses, cette lippe, ce rictus.

« La prisonnière porte-t-elle constamment une jupe en toile d'étoupe? demanda-t-il avec le ton doctoral. — Oui, elle en a deux, que la buandière lui a faites. — Comment était-elle vêtue, à son arrivée en prison? » Silverio fut interloqué. Il ne voyait visiblement pas en quoi cela pouvait être utile de savoir pareille chose. Il regarda le sol, d'un œil vide, puis se souvint. « Elle portait un pantalon blanc et une chemise blanche. — Comme un homme? — Exact, docteur, ou plutôt comme un caboclo. Elle était fringuée en caboclo. » Il eut une grimace de mépris. « Et, bien sûr, ces vêtements se sont usés » poursuivit Henriquès en donnant à cette remarque une nuance interrogative. Encore une fois, Silverio exprima les signes physionomiques de quelqu'un qui

162

s'imagine avoir entendu tout de travers. Puis il se reprit. « Oui, ça oui, docteur, et d'autant plus qu'au début on l'avait mise à des travaux de terrassement, voyez-vous. Ils étaient en loques. On les a jetés bien après, quand elle a eu l'impétigo. — Pourquoi ne lui a-t-on pas donné une robe ? — Il n'y a pas de robe dans cette prison, rétorqua Silverio presque excédé, et la buandière a fait ce qu'elle a pu. — Je ne formule aucun reproche, s'empressa-t-il de dire, mais le padre n'y a-t-il pas vu de l'indécence ? » Silverio ricana. « Que non ! En quoi est-elle indécente ? Elle n'a pas de seins. Elle est comme un garçon, après tout, un caboclo. A Maria Mendoza, qui était grosse avec de gros nichons, et qui est morte maintenant, on avait donné une vareuse. Le padre aurait été offusqué. Mais celle-ci est un caboclo. Elle n'a rien. De plus, on lui a coupé les cheveux. A la promenade, elle est dans le rang avec les hommes. Ou plutôt elle y était. Elle ne marche pratiquement plus. Trop faible, à présent. Elle devient plate comme un hareng. Il faut tenir sa jupe avec une ficelle. Elle la perd quand elle se met debout. Elle essaie à peine de la rattraper. Autant ne rien lui mettre. — Mais alors, ironisa Henriquès, vous remarqueriez qu'elle n'est pas un caboclo. — Je m'en aperçois bien quand on la lave, mais c'est peu de chose. Elle met ses mains devant, comme si c'était le saint des saints. Je lui tape sur les mains avec ma baguette d'osier. Il faut qu'elle comprenne que ça doit être lavé aussi, et même plus. » A l'aide d'un mouchoir gris, Silverio tamponna ses paupières atteintes de lippitude avancée. « Est-ce vous qui la lavez ? demanda Henriquès. — Moi-même. — Avec quoi ? — Gant de crin et savon, c'est l'usage. — Néanmoins, elle reste légèrement nauséabonde, précisa Henriquès d'un air pincé, en goûtant ses termes. — Docteur, je n'y peux rien, c'est à cause des infiltrations. » Il eut une idée subite, surgie tout appétissante du creuset de son génie. « Il faudra l'exposer à la pluie quelques heures, par exemple dans la cour carrée. — A vos ordres, dit Silverio. — Quand il pleuvra, je viendrai vous voir, et nous le ferons. »

Sur le point de partir, Henriquès eut cette plaisanterie, liée par la racine aux somptuosités noires qui l'habitaient. « Les femmes maigres ne vous disent rien, n'est-ce pas ? — Que non, je les aime grasses, tonitrua Silverio avec un ricanement adipeux, et vous donc ? — Moi, oui. » Le gardien ne savait pas si c'était du lard ou du cochon. Il plissait ses yeux chassieux. « L'anatomie me passionne, lui expliqua-t-il, essayant de s'expliquer la chose à lui-même par ce moyen. — Oh, alors, dit Silverio rassuré, ça tient à votre métier, docteur. »

Revenu à son bureau, face au fleuve, il s'efforça de contenir une intempestive idée : la tentative d'analyse de son propre cas. Elle lui apparut nettement comme un fébrifuge, un fébrifuge interne, analogue peut-être, sur le plan mental, aux anticorps d'Ehrlich. Mais sa fièvre résistait — sa fièvre, du royaume de la conscience brute dont elle était la souveraine, n'irait pas dans celui de la conscience réfléchie où elle deviendrait une intruse soumise à la question.

Bien plus plaisamment il accueillit les images que la perspective d'exposer Inès à la pluie tropicale lui suggérait. Cette idée nouvelle avait l'air de ne pas correspondre aux autres qu'il avait eues, centrées sur une étude précise du squelette à travers la peau. Mais il lui fallait faire confiance à ces inspirations soudaines, à ce qu'elles avaient de fondé dans les couches où elles prenaient naissance. Et pour preuve qu'un tel désir avait sa logique enfouie, il voyait bien l'ossature d'Inès resplendir sous l'acharnement des eaux. Il la voyait parvenir à une présence plus aiguë, plus tranchante, sur le socle pur en terre battue, soumise au subtil décharnement qu'exercerait l'averse plantant à toute vitesse ses milliers de lancettes.

Assez vite il écarta ces images, parce qu'elles lui étaient promises.

Il regarda le crâne de l'Indien aux orbites pleines d'eau fuyante, où filait une pirogue sans occupant. La crue pillait les appontements sur pilotis.

Le crâne d'une belle teinte ivoirine souriait de ses visions. Un rêve éternel d'eau et de navires s'écoulait en lui, fragmenté par les os propres du nez. Lui, Henriquès, voyait ce rêve au moyen de deux orbites toutes pareilles mais provisoirement garnies. Ce dont ces trous étaient garnis serait aboli plus tard ; alors il ressemblerait en tout point à ce Parintintin, pourvu qu'on le décapitât après nettoiement sur un nid de fourmis *sauvas* et qu'on mît sa tête sur un appui de fenêtre, contre l'Amazone.

Il fut conscient d'avoir l'aspect d'un homme « qui prend sa tête entre ses mains et se plonge dans ses méditations ». Il pressa du bout des doigts ses bosses frontales, puis fit jouer la couche mobile sur son support fixe, de bas en haut et de haut en bas.

Il poursuivit ce jeu, sans aucune pensée, et toujours, avec une élasticité remarquable, cette couche que constituaient la peau, le tissu graisseux sous-cutané et l'aponévrose épicrânienne glissait en long, en large et en travers sur le périoste, comme s'il était annoncé par là (et à cet instant il recommença de penser) qu'elle n'y avait qu'un domicile temporaire, que peu d'attaches.

Ce mince tissu conjonctif et ses cheveux déjà clairsemés distinguaient encore son état de celui du Parintintin, outre, bien entendu, qu'il était à même de faire cette distinction.

Sa chemise mouillée faisait ventouse. Il était dix heures moins dix, à la pendule ornée d'angelots. Une libellule jaune vint s'abattre sur l'orchidée tigrée presque morte. L'Amazone — il le constata avec une sorte d'effa-

166

rement lourd — était visible à travers ses ailes. Et dans les nervures transparentes apparut un vapeur du Lloyd Brazileiro.

L'idée, le désir de « voir à travers » semblait en somme le hanter. Mais n'était-ce imputable qu'à lui-même ? Les choses du monde, à l'évidence, le tentaient, dans le sens que le diable tente. Cette libellule, par exemple, niait le hasard. Quelque prédétermination avait permis qu'elle entrât, qu'elle s'interposât entre le fleuve et son œil. En fait, il ne croyait guère être seul responsable. Mais l'hypothèse d'un dieu était exclue. Il s'agissait d'une volonté éparse. Il y avait une intention, une ironie, une malice floues, consubstantielles au monde physique.

C'était difficile à admettre ; ce en quoi les choses avaient beau jeu. Mais lui, Henriquès, l'admettait. L'anthropocentrisme était périmé. La raison ne pouvait plus soutenir que tout commençait avec elle.

Il se leva, changea de chemise, mit sa vareuse, avec des gestes secs. Il sortit, pour une bonne part innocenté, sans scrupule, exécuteur des basses œuvres que la nature avait ourdies en les lui inspirant.

Cela devenait à la ressemblance des visions intérieures qu'il avait eues. La réalité lui prouvait qu'il avait été réaliste dans son rêve ; elle signifiait donc qu'en obéissant à une proposition fantasmatique il s'était affilié à son parti.

Le corps brillait comme une veilleuse. La sueur le striait de branchettes luminescentes allant se perdre sous la serpillière. Celle-ci, ainsi que le disait Silverio, tenait à peine en place. A la fois l'étroitesse des hanches et l'enfonçure du ventre étiré la faisaient fuir avec sa ficelle. Si bien que le thorax prenait toute son ampleur du fait de cette belle ligne plongeante jusqu'au pubis, très pure, qu'il surplombait.

Il semblait que les six fausses côtes voulussent donner une représentation d'elles-mêmes des plus fouillées, telles six tragédiennes divisées en deux groupes et se répondant; il semblait que chacune tentât la meilleure mise à nu de toute l'histoire du théâtre pectoral. Cela dans le genre dramatique — les poitrines grasses, l'hypermastie illustrant le burlesque. Et les vraies côtes joignaient leur chœur discipliné, les plus remarquables en bas, et tout en haut celles qui apparaissaient moins, abritées sous la ceinture scapulaire.

Cette touffeur, cette transpiration de cheval qu'elle provoquait, cette lueur de soupirail et cette présence d'araignées agitées disaient éloquemment en quel lieu l'action se situait, et c'était l'enfer. En enfer, dans la pureté de l'enfer, les dix-huit côtes visibles et le sternum dévoilaient ce qu'ils avaient été en cachette lors de la vie inconsidérée. Après avoir joué leur rôle obscur dans la respiration, l'oxygénation pulmonaire, la vie enfin, et par conséquent les actes de la vie, la subversion révolutionnaire, le crime, l'amour, il leur fallait à présent venir sur le devant de la scène, exprimer ce qu'ils étaient, jusqu'au détail le plus récalcitrant, surgir dans la lumière crue. Ainsi, les côtes asternales épuisaient l'intensité de l'apparence, les sternales saillaient pour y parvenir, l'appendice xiphoïde allait tout au bout de son bel aveu impérieux, les échancrures dénonçaient leur jonction avec les cartilages, la poignée se démasquait, tous splendidement renversés sur le tronc d'arbre par les cordes, en un arc de jeune roseau que le vent plie. Il pensa qu'à l'instar du roseau ce corps plierait davantage, si la force l'y astreignant était accrue. Aussi, à coups de talon, il frappa la poutre posée sur le plancher. Il la poussa considérablement en retrait de l'aplomb du cylindre. La cambrure du corps s'accentua vers l'inquiétante perfection d'une arbalète.

Inès gémit. Ce ne fut qu'une plainte brève et sourde. La sueur décorait de serpenteaux son cou ployé.

Il admira la tension du muscle pectoral et du dorsal, entre lesquels l'aisselle découverte, aux poils rasés, sécrétait de longs ruisselets inondant le flanc. Tant de netteté isolait les côtes de leurs intervalles qu'une envie de vivisection le saisit. Il se contenta de souligner avec son majeur le tracé de chacune, car son dessein n'était pas celui du vivisecteur ; ce qu'il voulait restait médicalement en deçà, mais allait au-delà dans un domaine plus vaste, si vaste qu'en sa majeure partie les ténèbres le recouvraient.

A pleine paume, il éprouva le relief thoracique, de haut en bas, des clavicules à la base du sternum, puis, franchissant cette pointe protubérante, explora le surplomb, creusa vers ses intimités, ses ligaments profonds, comme on cherche un poisson sous une souche. Inès se plaignit.

Ensuite il fit descendre ses doigts du sommet de l'estomac, le long de la pente abdominale toute trempée, sans la quitter au pubis, jusque sous la serpillière (l'introduction de son poignet libéra celle-ci de la ficelle, et Inès n'eut rien d'autre sur elle qu'un cercle de chanvre), jusqu'à la vulve lisse qu'ils crochetèrent par le milieu entre les gousses. Cela n'était explicable que par la faiblesse de l'homme tenant une femme à merci, se dit Henriquès. Il rajusta Inès dans une pénombre subite. De lourds nuages donnaient au corps chevillé la teinte du plomb.

L'orage venait. Il sentit son odeur annonciatrice : le musc de la foudre.

Une fois dans le couloir, il ne comprit point par quel phénomène les détails matériels lui apparaissaient avec une telle précision, et cela d'autant moins que le temps couvert les obscurcissait. Poignées de porte, plinthes,

moulures, lattes du plancher, lampes à pétrole suspendues, clés et crucifix lui étaient perceptibles comme s'il
avait pris un hallucinogène, ou comme si sa cornée
venait de perdre spontanément un néphélion qui l'eût
affectée ; à moins que ce ne fût le fait des choses mêmes
lui signifiant un message.

Le long de ce couloir avivé, presque vivant, il marcha avec effroi. Si le monde inanimé lui montrait lui
aussi sa beauté intérieure et en quelque sorte écorchée,
il ne le supporterait pas. Les poignées de cuivre avaient
un éclat ostentatoire et semblaient dire : « Nous sommes
là, tourne-nous pour ouvrir la porte. » Les crucifix et
les chaînes de lampes paraissaient vouloir se détacher
tout seuls. Il pressa le pas, s'attendant à leur chute. La
dernière porte qu'il avait à ouvrir pour sortir du couloir
était elle aussi pourvue d'une poignée rayonnante ; il
l'actionna du geste de celui qui met sa main dans un feu.

Dès qu'il fut dans la cage d'escalier, les choses reprirent leur aspect vieillot de chaque jour. Il descendit
voir ses auxiliaires au poste de garde. Devant la fenêtre
assombrie, tout près des vitres pour mieux voir, ils
jouaient aux osselets. Il leur ordonna de délier Inès, de
la ramener au cachot, et leur spécifia que lorsqu'ils la
rattacheraient le lendemain, ils devraient être attentifs
au second repère, qui fixait le degré de hausse.

Resté seul, Henriquès se plaça contre la fenêtre, et
aussitôt un éclair l'éblouit. Le tonnerre ébranla toute la

prison. Pour rien au monde il ne différerait le « bain » d'Inès, puisqu'il allait pleuvoir. Cette perspective l'assoiffait. Il convenait, bien entendu, de laisser passer le gros de l'orage, de ne pas prendre un risque idiot : Inès foudroyée.

Après tout, l'exposition à la pluie lui vaudrait mieux que le croupissement. Ce serait un bienfait. La peau et les muscles brutalisés s'y relâcheraient bienheureusement. Une telle faveur allait la surprendre. Sans doute la verrait-il, éberluée, tendre son visage à cette eau lustrale, s'allonger, boire, revivre. De crapaud, par les conditions d'habitat qui lui étaient faites, elle deviendrait anguille — une anguille propre, frétillante.

Les nuées fulgurèrent et retentirent, plusieurs fois, puis l'averse s'abattit, dense à ne pas mettre un chien dehors. Elle rendit Henriquès perplexe et surexcité. L'eau en frappant la terre la faisait gicler. Des palmes gesticulaient sous le hachoir.

Henriquès se retint à l'espagnolette. Son désir, telle une crue, le saccageait, l'emportait.

Les soldats revenus, il alla voir Silverio dans son bureau, dont la fenêtre donnait sur la cour carrée. « On vient de remettre la détenue au cachot, lui signala le chef gardien sans préambule. — Je sais. » répondit Henriquès. Il se dirigea tout de suite vers la fenêtre, pour

172

observer. Point d'éclairs, point de tonnerre. L'orage semblait fini. Une pluie assez dense, moins furieuse, s'installait. Quoique la terre de la cour fût bien compacte, les précipitations orageuses la détrempaient. Une mince couche d'eau boueuse ruisselait, tant bien que mal évacuée par le caniveau.

Il regarda la multitude de gouttes, sur la grande flaque jaune, soulever des mouchetis avec le crépitement d'un feu ; elle éclaboussait la palme d'un cocotier, tombée au milieu de la cour. Les hauts murs construits par les Portugais accentuaient sous la douche leur mine revêche. Cette eau, toute cette eau, hier, aujourd'hui, demain ! Il avait fallu la naissance d'une idée pour qu'enfin la pluie l'intéressât. S'il n'y avait mis du sien, s'il n'avait trouvé en son cerveau les ressources de la création, rien ne se fût passé pour lui, jamais, à la prison de San José de Matari.

« Je pense que les conditions sont favorables pour laver la prisonnière » dit-il, ou plutôt crut-il qu'un autre, logé en lui-même, disait à sa place. Etrange, ce sentiment que ce n'était pas lui qui l'avait dit. « A vos ordres, docteur, répondit Silverio. — Vous n'aurez qu'à la déshabiller et l'amener au centre de la cour. »

Silverio sortit. Il attendit, tout droit et presque glacé devant les vitres.

Plus tôt qu'il n'avait pensé, il vit les deux soldats se diriger avec Inès, qu'ils tenaient chacun par un bras, au milieu de l'espace carré, puis la laisser là, et se précipiter à l'abri en serrant autour d'eux leur capote imperméable.

Inès resta debout, immobile, peut-être sans comprendre. Elle avait la station très incertaine d'une personne en état d'ivresse. Elle risqua un pas mais trébucha aussitôt, tomba sur les genoux et sur les mains. Ainsi agenouillée et prosternée, dans la posture à quatre pattes des mammifères, elle demeurait sans chercher au-delà, laissant pendre sa tête de plus en plus. Rien en elle de l'anguille heureuse qu'à la légère il avait imaginée. Elle tenait plutôt de la louve — une louve jeune et maigre, fourbue, en arrêt sous la pluie dans une forêt coupée, ses deux tétines sans lait donnant seulement un filet d'eau ininterrompu.

Il s'émerveilla de l'arche extraordinairement fine qu'elle décrivait. Le dessus fuyait des lombes à la nuque, anguleux aux omoplates, tout uni et lustré. Le dessous, bel et bien, s'incurvait en cintre, selon les canons de l'architecture, si ce n'était que les seins pourtant petits y ajoutaient leurs cônes renversés, et que le ventre, surtout, accusait une concavité plus intense, qu'à l'ordinaire on ne lui voit pas — comme une sape pratiquée à ce pont vivant qu'elle était au-dessus des eaux de pluie. Partant tout net du sommet de ses cuisses très minces, piles jumelées, cessant net à la saillie thoracique, cette anfractuosité empirait à cause du recul des viscères assaillis par le froid. Ce que les privations avaient accompli de la façon la plus féroce et la plus soutenue, la rétraction physique le parachevait. Il n'était pas possible que cela évoluât encore dans le sens du moindre volume. Il eut la crainte immotivée médicalement et néanmoins réelle de voir ce corps allégé, tellement amenuisé à l'abdomen, se rompre par le milieu. En même temps une admiration passionnée le domina, tout ébahi et crispé, pour l'action contractive qu'a sur elle-même la masse viscérale, son pouvoir de retrait confondant.

Inès restait à quatre pattes, persistant dans son rôle inconscient de ponceau. Le ruissellement battait les piles doubles de ses genoux et de ses poignets. L'averse battait son dos, le flagellait, le trempait et le sculptait. Un évidage subtil avait lieu, si subtil qu'il était sans doute une illusion, précisant les hautes crêtes des omoplates surgies comme des éperons, les cannelures thoraciques, le chapelet des vertèbres, les ciselures lombaires. D'un grand ciel plein le déluge tropical se déversait sur cette fille étroite, pas plus haute qu'une console anthropomorphe en ivoire pour enfants, mais en vérité d'aussi peu de valeur qu'un escabeau, et d'ailleurs il pouvait sortir, s'il en avait envie, bravant la pluie, afin d'éprouver la flexibilité de ses reins sous sa botte.

L'eau tombait, immense, d'une force, d'une insistance disproportionnées à ce corps gracile qui en recevait de plein fouet toute la rage. Il contempla avec une vigilance haletante ce qu'était capable d'endurer si peu de jeune chair autour d'un squelette.

Un chapelet de perles filait de ses seins pointus. Le corps luisait, luisait de plus en plus, comme s'il était translucide et plein de carbure activé ; il donnait la représentation inoubliable de sa structure, que l'enveloppe de peau avait cependant masquée si peu dans l'étirement expérimental ; il tentait le prodige d'un décharnement qui n'en fût pas un, associant la secrète beauté de l'ossature au satin d'une peau de vingt ans.

Inès, enfin, tomba sur le côté. Elle se présentait de face. A l'instant il remarqua, très accentuée par cette posture, la protubérance iliaque. Celle-ci découpait son escarpement, d'où la pente abdominale plongeait abrupte, paroi puis combe s'adoucissant contre le versant du pubis. Il vit avec jouissance quelle fosse impressionnante allait de l'arête coxale au pli de l'aine ; quelle délicatesse fluette révélaient ces jointures si faciles à disloquer.

La hanche avec le fémur tendaient une crosse trop grande et trop lourde par rapport à ce que le buste était devenu. Le flanc était déprimé si profond à la base de cette crosse qu'on aurait pu ceindre la taille d'un bracelet.

Henriquès gagea en lui-même qu'en exerçant une contrainte suffisante il pourrait nouer autour un lacet de soulier, de petit soulier d'enfant.

La grande pluie amazonienne tombait, tombait. Le caniveau dégorgeait. Un lac jaune et chuintant baignait ce corps effroyable tant il était pur. C'était d'une beauté interdite. Il eut un frisson. Il avait froid. Et cependant il brûlait.

Le corps d'Inès presque transfiguré montrait jusqu'à épuisement les arcanes de ses formes, le 16 avril 1908. Le mystère échancrait le masque. La femme, en chair et en os, sortait ineffablement nue de la prison des temps.

Henriquès détourna la tête. A côté de lui, Silverio le regardait ; ses yeux exprimaient la peur.

« Dites aux soldats d'aller la chercher. Frictionnez-la et donnez-lui une couverture pour dormir. »

Il partit en claquant des dents.

Hier soir, la partie de dominos avait été gagnée par Jaime Cumbral. Lui, plaçant le chiffre requis, uniquement guidé par la similitude des valeurs punctiformes sur l'ivoire, n'avait guère participé en tant que joueur, car sa mémoire festoyait. Au ragoût de pécari, très savoureux, aux bananes rôties sur la braise, beurrées et sucrées, il avait peu goûté, mais beaucoup pris de *ginger beer*, car son esprit était occupé au décryptage remémoré du corps d'Inès, qui lui livrait ses clés.

Ce dont Cumbral n'avait rien su, pendant la partie de dominos et le repas, c'est que lui, Henriquès, assemblant les pièces sans calcul, mastiquant et buvant, avait pensé clés, dans le sens concret et le sens abstrait : clés scapulaires, clés iliaques, clés articulaires du genou — pour les principales ; livrées, elles en délivraient une autre qui était celle de la beauté — dont l'apparence du corps ne rendait pas assez compte sans sa transparence — et celle de la vie, dont on était loin de concevoir toute l'émouvante valeur en ne sachant pas voir, chez elle, les marques préfiguratives de son abolition. Et donc, pour avoir su, et d'abord voulu voir à travers, pour avoir travaillé l'enveloppe opaque jusqu'à la rendre translucide, il entrait dans la haute chambre, fermée à tout le monde, où l'arcane de la beauté et celui de la vie, limpides, l'éblouissaient.

Cumbral avait remarqué sa distraction, et Cumbral lui en eût-il demandé la raison que, sans répugnance aucune, il aurait admis l'expérience d'anatomie qui le préoccupait, attentif à n'en rien révéler, bien entendu, des motifs et des fins véritables, par quoi elle outrepassait la médecine, sautait la philosophie, traversait l'art même dans ce qu'il avait de coutumier, pour aboutir au lieu sacré où les mystères se dénudent comme des enfants.

Ils avaient fumé au salon, puis étaient sortis de la forteresse pour une promenade sur l'herbe. C'était afin de respirer l'air frais que poussait l'Amazone en crue, sous les étoiles de la nuit lavée à grande eau. Tandis que Cumbral marchait près de lui, il avait pensé qu'au même instant un être humain sous une couverture, nu, recroquevillé, sombrait dans la bête et réalisait l'exemplaire le plus lisible de l'espèce pensante des vertébrés. Il avait pensé qu'au prix de sa déchéance en tant que personne, un être devenait le texte de peau, d'os et de cartilage le plus fouillé de toute l'écriture des corps. Et il avait presque souffert du désir des exactitudes nouvelles que cette nuit élaborait dans la touffeur d'un cachot.

Neuf heures moins dix. C'est à peine s'il se sentait capable d'attendre vingt minutes encore. Le spectacle de la veille avait haussé sa fièvre à un degré dont elle ne tombait plus. Assez longtemps il était resté sur sa chaise, à enrichir ses notes, approfondir jusqu'au vertige un rapport qui se voulait ostéologique, où abondaient cependant de délicieuses impuretés. Ecrire n'avait en soi qu'une valeur accessoire. Provoquer et voir : voilà en quoi l'œuvre consistait, intransmissible.

Il y avait bien assez de mots pour aujourd'hui. C'était l'heure des yeux, l'heure du banquet de la passion. Mais il avait peur. Il se rendait compte avec horreur qu'avoir soumis immodérément Inès aux eaux de pluie menaçait sa précieuse entreprise. Qu'un refroidissement l'enlevât, et c'était la fin.

Il s'était nui en travaillant pour la tombe. Le remords lui colla au cœur et aspira, tel un gros phyllostome invisible sorti des profondeurs mêmes de l'être.

Dehors, le temps se complaisait à réunir des teintes inverses, qui ne se voyaient jamais ensemble. Un bleu plombé annonçait l'orage ; un jaune pur le déclarait improbable. Une farce était au programme dans le théâtre du ciel, jouée par les éléments déséquilibrés ou facétieux. N'y avait-il pas un feu, sur l'autre rive du fleuve, en amont, vers le parana do Carrero ? Peut-être bien que toute la forêt flambait. L'Amazone prenait d'impossibles chatoiements cuivrés, et le soleil ne cessait pas de luire et de s'éteindre.

Neuf heures cinq, à la pendule de mauvais goût acquise lors d'un voyage à Belém. Il regarda le crâne indien qui riait. Quoi de plus banal que les œuvres de la mort ? Le décharnement n'avait pas plus d'intérêt qu'une déjection. Il contempla le crâne, avec une lassitude neutre, peut-être un peu indulgente. Puis il saisit une grosse bouteille de phénol et la lui jeta dessus de toutes ses forces.

« Comment est-elle ? » pensa-t-il avidement, arrachant la porte au lieu de l'ouvrir.

Les soldats sortaient de l'annexe. Il demanda : « Comment est-elle ? » Ils rirent, de ces rires sans motif, propres à la fange humaine, telles ces éructations produites par on ne savait quoi dans l'eau croupissante des baixas. « Comme d'habitude, dit l'un. — Hé, dit l'autre, ça ne lui plaît guère de faire le Christ. Pour un peu, elle se ferait porter. — Ne marche-t-elle plus ? questionna-t-il avec angoisse. — Si, docteur, moitié elle marche, moitié on la traîne. Pour marcher, elle peut. C'est qu'elle ne veut pas. » Ils rirent de nouveau. « Dites-moi » commença Henriquès, puis il ne sut plus ce qu'il voulait savoir. Pourquoi s'attardait-il avec ces soldats ? Avait-il besoin d'eux ? Oui, il avait besoin d'eux, étrangement besoin d'apprendre d'eux comment ils voyaient ce qu'il était jaloux de voir à huis clos, dans un isolement rituel, avec une ferveur acharnée ; de quelle manière superficielle et sans conséquence aucune la racaille le voyait. Il s'agissait pour le grand prêtre, rien qu'un instant, d'emprunter le regard de l'acolyte. « Oui, docteur ? » Il avait la main sur la poignée, et ce qui aurait dû se trouver, en vertu d'une nécessité peut-être mystique, tout en bas de mille marches monumentales, dans la crypte d'un temple, était juste derrière cette porte. « Il se peut que vous soyez obligés de la transporter, par la suite. — Oh, elle ne pèse rien, dit l'un. — Pas de problème » dit l'autre. Le premier ajouta : « Ce sera plus facile. Toute mouillée, elle nous glisse des doigts. — Quand vous la disposez, comment faites-vous ? — Pachito la soutient pendant que je lui lace les jambes et lui passe les bracelets. Il la lâche et elle plie. Alors je tire les cordes jusqu'aux marques, docteur. — Quand vous tirez, elle se plaint ? — Elle couine. — Mais rien qu'un coup » pré-

181

cisa ce Pachito. Il n'entendait qu'un rapport de subordonné à supérieur. C'était d'une sécheresse navrante, à part ce « toute mouillée elle nous glisse des doigts » qui lui avait plu, qui avait traversé l'artiste sous le médecin constituant l'alibi — sous l'imposteur — d'un éclair sensuel transcendant, presque sidéral, propre aux sphères irrespirables de la sensualité. Il voulait du subjectif. Quel était donc leur regard sur l'étirement ? Ils avaient bien un *regard* ! Mais de quelle manière les amener à se prononcer sur ce plan ? Il s'agissait de leur *arracher le secret de leur regard.* « Aviez-vous déjà vu une fille aussi étirée ? » demanda-t-il avec une goguenardise feinte dont il eut honte, comme d'ailleurs de cette compromission grossière. « Diable non, ricana celui qui ne s'appelait pas Pachito, j'aurais pas cru qu'on puisse tant tirer quelqu'un. — C'est qu'elle est tirée par les quatre bouts comme une peau de sapajou à la peausserie ! » s'exclama l'autre, rigolard. « Pas mal », pensa Henriquès. « La fille est maigre, ça oui, d'autant plus qu'à son arrivée en forteresse elle était plutôt mince. En admettant qu'elle soie restée comme au début, ça ferait un joli brin, si vous me permettez, d'un genre que cherchent les jeunes à Manáos. Pas vrai, Joao ? — Elle a juste l'essentiel, rétorqua Joao avec une grimace, le peu qui lui sert à vivre. Moi, j'ai pris sa taille au-dessus du bassin : mes deux pouces touchaient son nombril, et mes doigts se croisaient sur son dos. — Sache que ça peut plaire. J'ai vu au bord du rio Juruá des gamines indiennes entièrement nues qui lui ressemblent, et beaucoup de filles lui achèteraient cent mille reis son squelette et sa peau pour vivre dedans. — Vous venez de dire " son squelette et sa peau ", je ne me trompe pas, son *squelette* et sa *peau*, dit-il enflammé. — Euh, oui, c'est ce que j'ai dit » bredouilla Pachito d'un air craintif. La satisfaction l'élevait et suspendait en altitude, planant tel un condor. « C'est surtout ce que vous voyez. Vous le voyez. Félicitations, dit-il. — Euh, docteur, hésita Pachito tout penaud, merci. — Elle n'a pas grand-chose d'autre, intervint Joao. — A part les muscles qu'on a tous, en plus petit, rectifia l'autre. On le voit aux bras et aux cuisses quand on les tend. » Le condor s'affaissa dans le couloir, abattu par ces énergumènes. Derrière cette porte uniquement il reprendrait son vol au sommet, pour sa vision spécifique. Il était seul. Alors il éprouva le besoin urgent de salir Inès devant eux, afin que leurs remarques avilissantes auxquelles il allait les encourager fissent tout décroître : l'ampleur de son acte, sa solitude, sa peur. « On sait qu'avec ces rebelles elle était à ventre-que-veux-tu, une petite pute. — *Sangue de Deus*, s'écria Joao, il faudrait me payer cher pour enfiler ce lapin dépouillé ! — Quand elle est arrivée ici, dit Pachito, tout juste sèche derrière l'oreille comme elle était, elle se tripotait tous les jours. Il paraît qu'elle a ouvert les jambes devant le padre !

— Le padre, docteur, confirma l'autre, pute et chienne ! »
Il se détourna en faisant mine de cracher. « Moi, je
l'ai vue par le judas, au commencement, confia Pachito,
elle s'était toute déloquée, elle avait jeté dans un coin
son pantalon blanc et sa chemise blanche de rebelle
acoquinée à Cameta, et se titillait la perle sans pudeur
en lorgnant le ciel derrière les barreaux. — Moi, reprit
l'autre, un jour j'ai vu par le judas qu'un quetzal s'était
accroché aux barreaux. A le voir elle s'est mise toute
nue comme sa mère l'a faite, et s'est travaillé la perle
en gardant ses cuisses de gamine tellement comme une
grenouille que même en le voyant vous auriez eu peine
à le croire. Et qu'elle disait : Quetzal, quetzal, emmène-
moi sur tes ailes. — Et même que mon collègue ici présent m'a appelé pour le constat et le châtiment du délit,
ajouta Pachito, puisqu'il faut deux témoins. — Vous
avez bien fait. — C'est alors, pour l'empêcher de recom-
mencer, qu'on lui a lié chaque bras et chaque jambe
aux quatre conduites d'eau des angles du cachot. —
Bonne initiative. — Le soir, quand on est revenus, elle
nous a dit : Salopards, crapauds, et même : crapauds
juste bons à être écrabouillés. Tu ferais mieux de demander le padre pour te confesser, que je lui ai dit. Et elle
a dit : « Le padre est le roi des crapauds ». — Seigneur
Jésus ! fit Henriquès avec un haut-le-corps parfait. —
Ah ! que je lui ai dit, toi qui arrives à écartiller tes cuis-
settes par terre comme aucune créature humaine peut

le faire, tu es une grenouille, et j'écrabouille la grenouille. Je lui ai marché dessus avec mes brodequins. J'enfonçais son bide comme s'il n'y avait pas eu d'intestins dedans. Pour vous dire que cette morveuse était quand même musclée sans en avoir l'air, et qu'elle transpirait toute nue, à tenir sur ses cuisses autant vouloir tenir sur des poissons-chats de baixas. Pensez-vous qu'elle aurait demandé pardon ? Crapauds, qu'elle nous disait. J'ai appuyé du brodequin sur son nez jusqu'à ce qu'elle saigne un bon coup. » Les troufions eurent leur rire saugrenu et répugnant. « C'est bien, vous pouvez disposer » dit Henriquès coupant court. Il se sentait outragé, déshonoré.

Lorsque le couloir fut désert, il ouvrit résolument la porte sur l'insolite lumière qu'elle cachait, au sein de laquelle le corps épuisait son jaillissement longitudinal, non plus en plomb, mais en or.

De la fourchette sternale et de la petite cuve qu'elle ouvrait, nappée de sueur recueillie, jusqu'à l'arc de la côte la plus basse, avec une franchise merveilleuse le buste arborait ses trésors.

Les seins naturellement menus, au surplus aplatis par l'étirement du plastron pectoral, n'étoffaient les herses que de coussinets presque limpides, d'une consistance d'œuf mollet. Partout les côtes dénombrables révélaient leurs attaches au sternum et aux cartilages, leurs courbes complètes. Il les recensa par volupté — bien que depuis longtemps il sût leur nombre — comme un avare compte ses milreis.

Il fut confondu d'admiration pour ce qui n'était pas l'objet propre de son étude, mais avait une liaison avec le thorax, le désignait (les flèches des bras), l'ornait latéralement (la fine musculature jaillie du creux axillaire), l'exposait comme sur une tige (la belle plage concave s'incurvant jusqu'au pubis, les belles lignes strictes que traçaient le flanc, l'hypocondre et la hanche dans leur plongeon pur).

Tout cela ciselé dans de l'or, aujourd'hui, en cette anormale lumière que la saleté des vitres n'altérait pas. Ainsi cet or de chair était fabriqué, au moyen de l'émaciation méthodique et des prémices de l'écartèlement. Cet or palpitant ruisselait : l'onde amazonienne versée à pleins seaux par Silverio et l'onde physiologique lui donnaient le scintillement propre à un corps transmuté.

De surcroît il respirait. Un frisson subtil activait la chute des ramilles d'eau vers le bassin lisse et, la serpillière lâche leur laissant passage, vers la vasque inguinale en forme de lyre, moite et ombrée.

A présent, la toile grossière et la ficelle encombraient cette pureté toute due, jusqu'au moindre linéament, à sa création alchimique.

Il fut presque interloqué de se rendre compte tout à coup, d'une manière fortuite, qu'en ce sujet d'expérience il y avait eu des aspirations humanitaires. C'était au

186

fond une simple jeune fille qui avait voulu combattre pour un monde meilleur, et quoique ce fût là un fait considérablement éloigné de ce qu'elle était devenue, au point d'en être absurde, il l'admit comme compatible avec elle, et même seyant. L'idéalisme politique chez un être plastiquement pur, voilà une harmonie qui le satisfaisait sur le plan formel — car seul le plan formel, la forme et les formes valaient quelque chose dans un monde dénué de sens. Il y avait même une étroite relation de cause à effet, remarquable, entre les idées qu'avait eues cette créature et l'apparence qui était la sienne aujourd'hui : son intransigeance l'avait conduite à la pureté linéaire totale. Imagine-t-on sans déplaisir un révolutionnaire ventru ? Au fond, son corps exprimait ce qu'elle ne pouvait plus dire.

La chaleur empirait. Il suait à profusion et ce n'était pas habituel, non plus que cette lumière qui n'appartenait pas à San José de Matari, mais plutôt aux aquarelles illustrant les contes de fées. Un soldat en appelait un autre, dehors. La voix lui parut venir à travers la lourde couverture à ferrures du livre cabalistique où il s'était enfermé.

Rapproché du visage d'Inès, il constata une inquiétante sialorrhée. La salive fuyant à la commissure des lèvres ouvertes dessinait comme un fleuve avec ses paranas, qui baignaient la joue, le bouquet jugulaire, l'oreille. D'autres cours fluaient de ses yeux clos. Elle pleurait, bavait et transpirait, toute en eaux confuses auxquelles elle devait, de même qu'au don de ployer si souplement, sa tournure d'anguille jeune, dont l'arête transparaissait de part et d'autre du corps.

Une tentation le brûla, qu'il lui aurait fallu repousser pour conduire son dessein sans impatience, mais à laquelle il allait céder, céder fatalement, tout de suite, car elle se tenait trop près de ce qu'il voulait obtenir.

Le sujet avait-il épuisé son pouvoir extensible ? N'embellirait-il plus sa performance ? La limite de ce qu'on pouvait espérer d'un corps humain, et surtout d'un corps de fille, reculait à la demande, probablement.

Tout embrasé, il dénoua du crochet l'une des cordes, la tira à travers l'anneau, en y dépensant une force considérable, centimètre par centimètre, tant qu'il en compta cinq environ. Après avoir hésité il alla jusqu'à six. Puis il renoua la corde. Inès n'avait pas eu ce couinement entendu par les soldats, ni même de plainte. Il la contourna et procéda pareillement de l'autre côté.

Alors, attendu qu'à cause de cette surélévation graduelle du corps ce n'étaient plus les lombes, mais la naissance des fesses que le cylindre en bois recevait, celui-ci tira le froncis grossier de la jupe et le chassa sous la ficelle. Le coupon de toile d'étoupe tomba. Ainsi l'encombrement haï par le puriste s'éliminait tout seul, sans intervention malséante. Il n'y avait plus que cet anneau de chanvre usé, lâche autour du ventre étirable comme du latex. Tirant dessus à outrance, il le rompit.

Puis il s'aperçut que la poutre ne touchait plus au plancher. La traction du corps par les bras l'avait soulevée. Inès maintenant suspendue ne cachait rien de l'architecture visible des os, mieux encore démontrait presque exhaustivement les structures, les liaisons et les jeux de ces muscles sous-jacents qu'on voit à nu sur les écorchés. Elle donnait un cours magistral avec son squelette et ce qui s'agençait autour de lui. Le texte morphologique clarifié aux confins du possible permettait une lecture si facile qu'elle devenait extase.

Et cette étrange lumière d'aurore bénissait le texte et le lecteur, l'œuvre et l'artiste.

Soudain, il eut un mouvement de répulsion : la grosse araignée qui logeait dans l'annexe courait à même le plancher, très vite. Elle sortit par l'interstice sous la porte.

Une atmosphère liliale éclairait la pièce. C'était comme le sourire d'enfant du 17 avril 1908.

Henriquès se sentit soulagé de son fardeau. Lisant encore la page vive, ruisselante, il sortit à la suite de l'araignée, à reculons.

Mais dans le mouvement qu'il fit pour sortir, un détail le stupéfia. Il revint au lieu de s'en aller ; il revint plus que lentement — cette notion avait cessé de convenir —, moins en marchant qu'à la dérive, déplacé sur une eau dormante, tel un cygne.

C'était le seul détail qui n'eût pas exprimé la beauté selon Henriquès, et à présent il était la beauté. Qu'il ne l'exprimât point, mais qu'il la fût, constituait la différence. Le visage d'Inès n'offrait à Henriquès rien qu'il eût réclamé, dans un ordre fondé par son désir : il imposait un ordre objectif, absolu, auprès duquel les autres s'avéraient de la nature du désordre. Il convainquait de cette vérité singulière que ce n'est pas la certitude qui établit la vérité, mais qu'en dehors de nous, permanente et indestructible, elle a ses fondations comme un temple, et comme un temple son ordre, masqué par le brouillard, la vie. Car le visage d'Inès le subjuguait par une beauté qui avait été nulle pour lui : une sorte de marge à côté du texte. Mais peut-être n'avait-il pu déchiffrer et lire, et vivre le tourment du désir, que par l'existence d'une blancheur parfaitement illisible, invisible jusqu'à sa brusque apparition : l'éternité dans le temps même.

D'un seul coup, il vit qu'Inès avait un visage très beau. Les paupières étaient comme des coupoles d'église sous la lune. Le nez avait une arête douce, et de douces ailes. Les lèvres ouvertes décrivaient leur ourlet en velours blanc. Les dents brillaient, sans carie, sans défaut, saines, toutes nappées de salive pour un échange qui n'aurait pas lieu ; bloquées dans le mouvement d'une impossible morsure.

De chevelure, il y en avait peu, parce qu'elle avait été tondue, et de regard il n'y en avait plus, et cependant, privée des charmes de la femme, privée de corps, elle était Eve, l'Eve glorieuse des icônes. Avec ses yeux scellés par la mort, avec sa bouche béante, elle exerçait la séduction éternelle.

Et il fallait bien qu'elle eût la beauté de la mère, et celle de l'aimée, pour que de la sorte il se sentît protégé et en même temps saisi par la tendresse, possesseur de tout après avoir tout perdu.

Cette image captée par le regard s'empara du regard à son tour. Elle l'évacua et prit sa place toute chaude.

Le médecin, en lui, doué d'un dernier souffle de vie sous le poids gigantesque de l'amoureux qui l'écrasait, constata que sa cécité soudaine présentait les symptômes d'une forte ophtalmie, mais ce fut tout. Et alors que le soldat appelait à nouveau, dans le rêve amazonien, quelque chose de très doux et d'épouvantable le mit à genoux.

Lui qui avait introduit l'événement à San José de Matari, l'événement l'expulsait. Au-delà de la création et de la destruction, calme il glissait, cygne aveugle pour qui l'espace n'est qu'une sensation d'eau tranquille, où il se déplaçait rien qu'en étant posé, rien que par la grâce d'être cygne, dans l'infini de sa mouvante immobilité.

ANUNCIAÇAO

*Le tombeau devient lit
nuptial de l'aurore.*

Takis Varvitsiotis

On transportait le catafalque. On le promenait le long du fleuve. Sur ce catafalque était un cercueil. Dans ce cercueil il y avait le Christ. Il était plus blanc que les autres morts. De grosses épines noires perçaient son crâne en cèdre. Du sang était censé couler des trous, figuré par une teinture au carajuru. Peu importait qu'il n'y eût pas le mouvement du sang. On dit que ce sang coule éternellement, et l'éternité règne bien plus haut que le mouvement. Elle n'a rien à voir avec lui. Elle est la reine, lui l'esclave.

Le Christ était nu. Des fleurs couvraient son ventre. Ainsi, on ne pouvait pas voir ce qu'on voit chez les autres morts quand ils sont nus. De ce qui sert à faire les enfants, il ne s'était pas servi. Pour cela, il n'y avait aucune raison de le montrer. Le montrer aurait été blasphématoire, sacrilège et impie. De toute façon, il avait eu des enfants autrement. Ceux qui portaient le catafalque, ceux qui suivaient, ceux qui priaient, ceux qui pleuraient, ceux qui tenaient les chandelles, ceux qui chantaient les cantiques, ceux qui se saoulaient, ceux qui s'avilissaient, tous ils étaient ses enfants. Quand Josué de Llano, le beau jeune homme de la ville, le merveilleux de Belém, qui croyait à la justice, avait été tué ici par la police, on avait dénudé, exposé pour l'exemple son cadavre, et tous les enfants avaient vu l'organe procréateur. Mais, comme ils disaient, il n'était qu'un homme, l'autre était Dieu.

Sa bouche était close, ses yeux clos. Il avait une fente au côté droit. Un gros trou sombre perçait chacune de ses mains, chacun de ses pieds. De chacun de ces trous s'écoulait sans couler le sang factice. Mais peu importait que ce fût du semblant en poudre de carajuru, car il y a ce qui est, et il y a l'image. Bien plus haut que nous, il y a ce qui est, qu'on se représente au moyen de l'image. Etait-ce aussi, par hasard, au moyen des sept perforations du corps de Josué de Llano?

Il était raide dans son cercueil, sur une couche d'orchidées. Les orchidées soutenaient son crâne percé, elles encerclaient ses mains percées, ses pieds percés, foisonnaient autour de son corps avec le jasmin rouge et le firmiza dos homens. Orchidées blanches, mauves, tigrées, flamboyantes, ou qu'on ne décrit pas, arrachées au cœur de la forêt par les fous, décoraient en respirant encore le grand cadavre sans odeur. Il allait, le Christ, mort en apparence, mort dans le provisoire, notre monde, fleuri de fleurs provisoires, transporté par les hommes provisoires. Peu importait que ce fût au bout d'une grève, au lieu du tombeau, là où ils l'emmenaient, car c'était en somme une représentation. On avait exposé aussi, pour l'exemple, le corps nu, percé de sept trous, de Josué de Llano — puis transporté au bout de la grève le corps du révolutionnaire, sacrilège et impie Josué de Llano.

Ainsi apparaissait le Vendredi saint aux petits garçons Pedro et Josué, fils de caboclos, à Urucurituba, village de sable, de vase et de roseaux.

Ils étaient cachés dans le feuillage de la forêt toute proche. De là, ils voyaient sans être vus. C'était leur cachette, disaient les mères, mais en réalité un empire qu'ils avaient créé. Cela ne faisait rien que l'empire ne fût pas grand, juste suffisant pour contenir un muscadier, un palmier maraja-assu, un cedro de varzea et le fouillis d'herbes, de lianes, de fougères encombrantes vivant dans leur ombre. La végétation, derrière, était inondée. A quelques pas il y avait l'eau, l'eau encore — non pas celle du grand fleuve blanc, mais celle du furo de Ressaca en crue, qui se jetait tout près dans le grand fleuve blanc. Un empire n'a rien à voir avec l'étendue. Un empire, si vaste soit-il, qui irait d'Alemquer à Manáos, par exemple, et où il ne se passerait rien, n'en serait pas un. Dans l'empire, des « choses » ont lieu. Et dans le leur, il se passait des choses impériales, peut-être divines, dont les mères, et même le padre, et même le gouverneur, et même l'empereur du Brésil n'avaient aucune idée.

Ce qui se passait sous leurs yeux, cette nuit, comme tous les Vendredis saints, était un mystère aussi. C'était un mystère dont leur avait parlé le padre — celui de la Passion. Ceux qui portaient le catafalque y croyaient plus que les autres. Les autres suivaient en procession, vêtus de pantalons teints en rouge avec du carajuru, en violet avec du cumaté, en jaune avec du tatajuba, vêtus de chemises teintes, ornés de fleurs de varzeas en toutes couleurs, de croix, de chapelets, d'images, de sifflets, de pantins, de coquilles, de calebasses, d'os, de grelots, même de bonbons ; empanachés, sur leur chapeau, de plumes prises à la queue de tous les oiseaux de la création. Ils étaient ravis des feux de Bengale les éclairant tout en rouge ou tout en bleu, achetés à Manáos par le padre. Le padre avait aussi rapporté des pétards, qui étincelaient et explosaient. Ce serpent d'hommes et de femmes, de feux et de fleurs, déplaçait quelque chose de triste et de gai en même temps, sur la grève, contre ce qui était profondément triste : le fond noir du grand fleuve blanc dans la nuit. Il y avait un certain nombre de choses réellement tristes. D'abord, l'immense plainte obscure du rio Mar et de ses innombrables enfants : les paranas, les furos, les igarapés, qui sortaient de leur lit et ne savaient plus où ils allaient. Ensuite, le soldat surveillant, assis à côté de son fusil. Ensuite, les deux ou trois hommes immobiles contre leur porte — les incroyants. Enfin, bien entendu, le Christ lui-même dans son cercueil.

Un mort n'est jamais gai. Mais on ne pouvait pas demander aux croyants d'être aussi tristes que le mort. Ils savaient bien qu'il était ressuscité le troisième jour. Donc, à quoi bon être éploré ? On n'allait tout de même pas chipoter pour deux jours.

Tandis que lorsque les soldats avaient abattu Josué de Llano, cela avait attristé tout le monde. Ils lui avaient tiré dessus, même à terre, pour l'achever. Ils lui avaient enlevé sa chemise et son pantalon. On avait vu les sept trous des coups de fusil, par où ruisselait du vrai sang. Son corps se voyait bien, sur la vase. Ils l'avaient emporté derrière les arbres, et sûrement jeté dans le furo de Ressaca, au soir du troisième jour.

Les gens allèrent prier à la chapelle. Tous, un par un, ils franchirent la porte étroite, qui brillait, puis le dernier la referma, et elle disparut. Là-dedans, on déplorait. Cette lamentation était une longue corvée pour beaucoup. Pendant ce temps-là, le Christ restait seul. On le laissait sur la grève. Il était censément mis au tombeau, où par force, outre le mort, il n'y a personne.

Les bougies seules l'éclairaient dans la grande nuit mugissante. Sa tête en bois ceinte d'épines de fer le rendait plus mort que les morts. Pourtant, lui seul parmi les morts ne l'était pas. Justement pour cette raison l'on s'attendait presque à ce qu'il sorte du cercueil. Mais c'était un conte à dormir debout. De cette histoire qu'au catéchisme on disait vraie, il ne restait à présent que des images lourdes comme le cèdre, lourdes comme le fer, au lieu qu'une histoire vivait dans leur empire. Ce n'était pas une histoire morte, décomposée en images. La meilleure preuve en était qu'avant toute chose elle respirait.

Ce qui leur faisait peur, c'était sa respiration. Cependant ils savaient qu'ils ne devaient pas la craindre. Mani leur avait dit : ce qui nous effraie le plus, c'est ce qui est le plus à plaindre.

Ils avaient appris de lui qu'on ne doit pas s'enfuir devant quelque chose qui respire, geint ou soupire autrement que nous : c'est quelque chose qui voudrait nous parler, et ne le peut pas.

— Ecoute, dit Josué.

C'était effrayant. Cela se distinguait bien de la plainte gigantesque du rio Mar, et de l'impatience du furo à se perdre en cette plainte. Cela se distinguait du grand chant nocturne des bois. Quelque chose inspirait et expirait, une sorte d'immense bête dont les végétaux étaient le pelage, et la terre la peau, et l'eau le sang. Juste à côté d'eux « il » se manifestait encore une fois, comme s'ils étaient les seuls à pouvoir le comprendre.

Enfin, l'inhumain proféra le râle humain. Ils ne l'avaient jamais entendu et s'enfuirent épouvantés.

— Attends-moi ! cria Pedro, qui trébucha.

Ils tombèrent contre la porte de la chapelle.

Le cercueil du Christ restait seul au loin, sur la grève sombre, ses bougies éteintes.

Tout le monde priait dans la chapelle. Ils n'osèrent pas entrer. Comme leur effroi peu à peu se dissipait, et qu'ils ne voulaient pas dormir quand les autres veillaient, l'orée de la forêt les séduisit à nouveau. Ils la longèrent prudemment, sans le désir d'aller jusqu'à l'empire. Soudain, ils décelèrent une ombre sous les arbres. C'était un homme assis à même la terre : le magicien.

— Qu'est-ce que tu fais là, Mani ? lui demandèrent-ils.

Le magicien ne répondit pas.

Dehors, il n'y avait qu'eux, Pedro et Josué, le magi-

cien, le soldat et le Christ dans son cercueil. « Lui »
aussi était là, invisible. C'était une étrange compagnie,
comme celle de deux châtaignes, d'une émeraude, d'un
canif, d'un os et d'un oiseau vivant à l'intérieur d'une
main fermée. Tout le reste, dans la caisse lumineuse,
priait.

— Pourquoi es-tu là, Mani ? demanda Josué. Ce n'est
pas une nuit pour toi. C'est la nuit du Vendredi saint.

— Ecoutez, dit Mani, écoutez l'eau puissante. Des
pays d'où elle descend, vous ne savez ni ne saurez rien.
Vous qui vivez sur la vase, vous plongez votre main dans
une eau descendue des pays que votre âme n'atteint
pas. Elle vient des grands velours verts du Mato Grosso,
de la sierra Pacaraima, grise dans l'éternel brouillard,
des montagnes du café, vers Pasto, des doigts de pied
de l'empereur Cotopaxi, dont la couronne blanche rend
aveugle, des précipices funèbres de Machu Picchu, du
socle des grands lacs bleus de l'Altiplano, survolés par
le condor qui regarde l'océan. Ecoutez l'eau, elle vous
dit quelque chose. Mais vous lavez votre calebasse
dedans, vous lavez vos mains et vos pieds, qui sentent
le xibé, la pisse et les excréments, dans l'eau qui a vu
les Incas. De même, vous regardez les étoiles et ne
voyez qu'un semis de points brillants. De même, regardant la lune, vous ne voyez qu'une boule blanche, jaune
ou rouge. Et vous piétinez la terre comme si elle n'était
faite que pour votre empreinte.

— Mani, dit Josué avec intrépidité et défi, tu ne dois pas dire tes contes la nuit du Vendredi saint.

— Que dis-tu ?

— Regarde : il y a le soldat armé qui surveille, et le Christ qui est mort.

— Où ?

— Là, dit Josué, tu ne vois pas ce soldat assis à côté de son fusil ?

— Tiens, tu as raison.

— Tu ne vois pas cet homme dans son cercueil ?

— Ah, oui. Maintenant je le vois.

— Alors tu dois rentrer chez toi, Mani. C'est la nuit du Vendredi saint.

— Ils essaient de vous faire peur avec la mort, dit le magicien.

— Je n'en ai pas peur, dit Pedro.

— Moi non plus, dit Josué.

— Ils veulent vous transformer en peur parce qu'ils se nourrissent d'elle, comme ils se nourrissent de la mort. Ce soldat avec son fusil n'attend que le moment d'épauler. Courez devant lui : il vous tuera. Et cette idole dans son cercueil transpire la mort. Le crucifix bien aiguisé fait un poignard convenable. Mais vous avez eu peur d'autre chose.

Pedro et Josué comprirent et se turent.

— Vous avez eu peur, ce soir. Vous l'avez entendu.

— Oui, avoua Pedro.

— N'ayez pas peur, mes enfants.

— Le padre nous dit de ne pas avoir peur de la mort, parce qu'elle est l'entrée au Royaume des Cieux, et le soldat nous dit de ne pas craindre les soldats, parce qu'ils nous protègent des révolutionnaires. Et toi aussi tu nous dis de ne pas avoir peur de « lui », qui nous fait peur.

— Non, vous ne devez pas.

— Il y a seulement la peur, rien que la peur, et toujours la peur au fond, dit Pedro tristement. Le soldat nous dit : N'aie pas peur. Le padre nous dit : N'aie pas peur. Tu nous dis : N'aie pas peur. Et j'ai peur du soldat, du padre, de mon père, de la forêt, de la nuit, de Dieu, de la mort, de « lui ». La vie, c'est la peur.

L'immense lamentation de l'Amazone accompagnait celle des croyants, comme si les furos, les igarapés, les paranas et les grands rios eussent été eux aussi des croyants ayant un mort à déplorer.

— Plus le fleuve s'étale, s'approfondit, reçoit et dévore, plus ample est sa plainte, dit Mani. Enfants, votre peur est la peur d'un tout petit ruisseau, qui prendrait naissance, disons, sur les flancs du géant Illambu. Il aurait peur, ce petit ruisseau, de l'ogre Illambu, de la neige, des lamas et même des fleurs. Et savez-vous ce qu'il devient ? Il devient torrent, puis rivière. Sa crainte se noie dans le cours impétueux de sa jeune puissance.

Puis il devient le rio Grande, puis le rio Mamoré, puis le rio Madeira, puis le rio Amazonas, que vous entendez. L'entendez-vous? Il exprime déjà, parce qu'il est très puissant, et bien avant de devenir plus puissant encore, bien avant de recevoir le Tapajós et le Xingü, et le Tocantins tout au bout, son immense pressentiment. A Belém, lorsqu'il aura tout recueilli, il comprendra qu'il perdra tout, et qu'il ira se perdre, là où tout fleuve doit aller.

— Et alors, Mani?

— Et alors, voilà.

Il resta bêtement à regarder l'eau blanche et la nuit noire, semblables à deux fantômes couchés l'un sur l'autre.

Mani était un Indien Uitoto, du rio Japurá. Il se disait magicien. Mais avant, à l'entendre, il avait été beaucoup d'hommes dans l'enveloppe d'un seul: chercheur de tombes pour les Blancs, chercheur d'herbes qui guérissent, chercheur de diamants, seringuero, porteur, piroguier, ver de terre humain dans les boyaux du cuivre, dieu vivant chez des Indiens couverts de cendre qui vivent couchés dans leurs futures tombes, presque sans bouger.

Tête nue et pieds nus, il ne portait qu'un pantalon sale et une chemise sale, comme les misérables. Rien ne le distinguait des Indiens vieux, pour autant qu'on pouvait en voir, ou des caboclos vieux, sauf ce qu'il y avait dans ses yeux : quelque chose qui tenait du monde de tout le monde, mais retourné.

Ce qu'il répondait était rarement une réponse à ce qu'on lui demandait. On avait l'impression qu'il comprenait très bien ce qu'on voulait savoir, mais sa réponse était à part, à côté — elle était toujours un parana. Il cherchait à faire croire qu'il savait des choses noires, obscures, profondes, éternelles, que même le padre ignorait. Et le padre disait de lui, avec raison sans doute : charlatan. Ou bien il se servait d'images qui n'étaient que des images et rien de plus, ou bien il exprimait des choses que même les enfants savaient depuis longtemps : que les arbres poussaient, que la pluie tombait, que le fleuve coulait, qu'on naissait, qu'on souffrait et qu'on mourait ; que tout ce qu'on voyait était la vie, que ce qui scandalisait, faisait honte, révoltait et remplissait de stupeur, dépassait l'entendement et semblait provenir d'une très haute et surnaturelle vertu, ou provenir d'une très basse et inconcevable abjection, c'était toujours, et seulement la vie.

Mais ils aimaient bien Mani, parce que, justement, il n'avait pas de réponse pour répondre à une question, parce qu'à une question sensée il répliquait par une série d'images — et si on lui demandait de mieux s'expliquer il répliquait par une autre série d'images, tant et si bien que les images coulaient des images et glissaient dans d'autres images, sans fin, et qu'aucune idée ne venait mettre un terme aux images en expliquant ce qu'elles voulaient dire.

Ils ne le respectaient pas comme le padre, qui parlait des mystères divins et les leur expliquait d'une manière incompréhensible. Ils le respectaient d'autre façon, avec apitoiement et compassion, parce qu'il était leur image vieillie, et c'était tout.

Pourtant, ce n'était pas tout. Le Seigneur Jésus était un cadavre en bois sur un lit d'orchidées; bien au-delà, dans le monde des mots, planaient les grands papillons irréels de l'Incarnation, de la Transfiguration et de l'Eucharistie. Mani était un vieil homme en chair, et bien au-delà de cette carcasse qui radotait, bien au-delà de cette momie vivante assise sur la vieille terre, il y avait autre chose de bien plus grandiose, de très difficile à comprendre, qui n'était encore que de la terre.

En somme, à entendre Mani, qui se servait toujours de l'image pour expliquer l'image, et donc n'expliquait rien, c'était comme si la terre n'était que le reflet d'une vraie terre plus haute — comme si la terre n'était qu'une eau où la vraie terre se regarde.

Et puis, Mani leur avait parlé de «lui», l'épouvantable et l'attendrissant. Dans leur empire ils l'avaient senti caché, informe et formé, à la fois monde et créature qui respirait mal, redoutable et désolée. A côté de lui, le Seigneur Jésus n'était qu'un mort en cèdre, comme le caboclo armé du fusil n'était qu'un ignorant, prêt à donner la mort prodigue de sang au chevet du cadavre qui ne saignait pas.

Maintenant qu'on lui avait révélé la présence du catafalque et du soldat, Mani, parfois, jetait un coup d'œil tantôt à l'un, tantôt à l'autre. Etait-il possible qu'il fût venu s'installer là, sans les avoir vus ?

— Que regardais-tu, Mani, sans voir le Christ et le soldat ?

Il eut l'air de ne rien entendre et ressemblait à une idole qu'on aurait taillée à son image dans du bois dur et violacé. Ou il ne comprenait pas tout de suite, parce que les paroles devaient franchir toute une immensité entre Urucurituba et un autre Urucurituba au fond de l'eau du monde, ou alors il comprenait à l'instant, mais les paroles le traversaient et s'en allaient mourir au fond de lui comme des poissons. Il ne réagissait pas à l'éclair de leur passage.

— Je les ai vus, dit-il enfin.

— Parle-nous de lui, implora Josué. Dis-nous qui il est.

Après le silence d'usage, Mani répondit, et cette fois son regard se posa sur eux avec la grande douceur noire, presque larmoyante, des yeux de sainte Rose de Lima.

— La terre est un corps immense. L'argile est sa chair, l'eau son sang, la végétation son pelage, les volcans ses abcès, les laves ses humeurs, les montagnes ses verrues, les ravins ses cicatrices, et les hommes sont ses poux. Nous nous engraissons d'elle, puis morts nous l'engraissons. Son cœur bat très profond. On peut entendre qu'elle vit. Moi, je sens ses secousses. Elle ne nous aime pas, sauf si l'on est enfant. Et de temps à autre elle s'ébroue et tue, à cause des blessures qu'on lui fait. Prenez garde, ne crevez pas ses yeux qui nous observent, le beau et terrible regard des orchidées.

— Vois, dit Pedro, on les a coupées pour parer le Seigneur Jésus dans son cercueil.

— Il se vengera. Le Seigneur Jésus sera précipité dans le sang. Et d'autres seront précipités. Je suis venu pour voir. Cela, je le verrai, et vous le verrez avec moi. Mais ce ne sera qu'un signe du sens. Ce que nous voyons n'est que l'écume de ce que nous ne voyons pas. D'immenses désastres bouleversent le fond de la nuit et le plein de l'herbe. Dans un corps sans fin vous palpitez comme une petite veine.

— Tu dis ça exprès pour blasphémer.

— Tu dis ça pour nous faire peur, parce que nous sommes des enfants.

— Mais moi je ne crains rien, regarde, dit Pedro en sortant son chapelet.

— Et moi j'ai dit cinq Pater Noster et cinq Ave Maria, ajouta Josué.

Comme le magicien s'obstinait dans son silence, ils éprouvèrent le premier enveloppement du sommeil. Ils eurent envie de leur hamac, de tiédeur, d'un rêve qui les emporterait comme un grand oiseau. Les gens prieraient, le Christ luirait au tombeau, le soldat veillerait, Mani grommellerait ses formules magiques, l'être invisible respirerait, tandis qu'eux s'envoleraient sur les plumes blanches du père des toucans, ou du père des condors, vers l'inaltérable.

O beau matin sans nuées! Un ciel d'or aimait le fleuve d'argent. Fontes, hautes pluies, l'avaient encore grossi, le rio Mar, et il descendait en chantant. Il ressemblait à un xibé gigantesque versé des grandes calebasses du ciel. A Belém, où il y avait les bouches, un géant le buvait, l'avalait à plein gosier. Mani l'avait dit. Les oiseaux sans nombre fouillaient leurs plumes après avoir crié. Les singes ne jappaient plus, ils mangeaient leurs puces.

On aurait dit que le soleil sur le fleuve était une grosse lampe à faire bouillir du lait. Le lait bouillait à gros bouillons, il emmenait des planches, des buissons, des branches, des arbres, des cadavres, qui se prenaient parfois entre les pieux de l'appontement.

Vers neuf heures, il y eut la procession. Ceux qui avaient prié une bonne partie de la nuit, et s'étaient couchés avant l'aube, voilà qu'ils réapparaissaient. Avec leurs bannières, leurs longues croix d'or, leurs grelots, leurs chapelets noirs, leurs bouquets, leurs vêtements teints, ils se mirent en rang et avancèrent en chantant, et s'agenouillèrent devant le catafalque oublié toute la nuit. Le padre récita en latin. Des gens marmottaient, d'autres pleuraient, d'autres faisaient éclater des pétards, d'autres rigolaient ou bavardaient, d'autres buvaient à la *posada*.

Justement, c'est là que Pedro et Josué trouvèrent Mani. Il buvait. Il était assis à une table, devant un verre de *cachaça*, en pantalon et chemise sales, le jour du Samedi saint.

— Mani, lui dit Pedro pour le taquiner, tu bois le jour du Samedi saint ?

— Quoi ?

Mani avait un regard glauque.

— Tu bois de la cachaça, dit Josué.

Et Pedro ajouta :

— Le jour du Samedi saint.

Le magicien tenait le verre dans sa main. Il était ivre. Il regardait l'Amazone par la porte ouverte, et l'on voyait bien, dans ses yeux, l'Amazone qui coulait, coulait, des grandes calebasses de neige jusqu'aux bouches du géant.

— Allez donc avec les autres déplorer le mort, garnements ! J'aime la cachaça. Inti ronronne dans mon ventre comme un gros puma. Quand je bois, je brille. Quand je pisse, je pleus.

Son pantalon était arrosé le long de sa jambe. Ou

bien il avait renversé sa boisson, ou bien pissé de travers.

— Le padre dit qu'un jour ton cœur se décrochera, qu'il tombera tout seul.

— Dans mon estomac il y a le soleil, et dans ma vessie la pluie. Je suis en plus petit le beau temps et le mauvais temps. Mes bronches déploient une végétation. Mes intestins font des méandres où les fleurs et les bêtes abondent. Je ruisselle à l'intérieur, plein de rios et de paranas. Vous voyez, moi aussi je suis l'Amazonie. Sortez vos chapelets, allez geindre et jacasser comme des singes devant votre cadavre en bois. Nous ne pouvons pas nous comprendre.

— Voilà maintenant qu'il se prend pour un pays, dit Perez, le patron.

— Nous aussi, alors, puisqu'on a un estomac, une vessie, des bronches, des intestins et des veines, nous sommes l'Amazonie, dit Josué.

— Au lieu de dire des âneries, dit Perez, allez donc déplorer la mort de Notre-Seigneur, qui est mort pour nos péchés.

Mani avala un fond de cachaça dans son verre sale, puis redemanda à boire en faisant sonner une pièce de nickel. Personne ne savait où il prenait son argent.

— Personne ne sait où je prends mon argent, dit Mani à la grande stupéfaction de Pedro et Josué. Le soleil sait qu'il brille, le fleuve, qu'il coule. Le poumon sait qu'il respire, l'intestin, qu'il digère. Perez ne sait pas qu'il est un âne. Le pays sait qu'il est un être. Il respire, il pousse, il pourrit, il souffre, en le sachant. Invoquez-le, vous verrez qu'il répondra. Tout est là. (Il se tapa plusieurs fois le front avec un doigt.) Vous avez la conscience, et pourtant vous ne savez rien.

La procession, chenille de toutes les couleurs, passa devant la porte ouverte.

— Quoi est qui ? interrogea Mani. Qui est quoi ?

— On n'en sait rien, dit Pedro.

— Moi, ricana Perez, je sais que tout se terminera dans un fourré, derrière la posada.

Le soldat entra, posa son fusil contre le mur, s'assit à une table et regarda fixement Mani.

— Je ne dis rien de mal en disant que je suis l'Amazonie, dit le magicien au soldat, sans qu'on lui ait fait la moindre remarque.

Le soldat le regardait toujours fixement.

— Pas plus que si je disais que je suis le Pérou, répondit-il.

Et il rit, montrant à tout le monde ses mâchoires pleines de dents cariées. Après quoi, il considéra Mani d'un air jovial.

— J'étais en train de dire, reprit Mani contre son habitude, alors que le soldat ne lui avait rien demandé —, j'étais en train de dire : beaucoup disposent d'une conscience, et vivent comme s'ils n'en avaient pas.

— Rien de plus vrai, opina le soldat, hilare.

— Si notre conscience était développée, assez forte, on pourrait questionner notre intestin, par exemple lui demander s'il digère bien, et on obtiendrait de lui une réponse.

— Comment? dit le soldat, penché en avant.

— Ou alors on pourrait demander au palmier mara-ja-assu s'il souffre d'un coup de machete, et il nous répondrait en quelque sorte oui ou non.

— Non, trancha le soldat.

— Que veux-tu dire?

— Je ne refuse pas de causer avec quelqu'un d'une façon sensée, mais je n'aime pas les imbécillités. Compris?

— Oui, dit Mani.

— Je suis été quelque temps au séminaire du diocèse, à Manáos, où j'ai appris l'Evangile et le calcul. Tes histoires de fantômes sont juste bonnes pour les cochons.

Mani baissa la tête et fit tourner doucement son verre vide sur la table. Les paroles du soldat mettaient du temps à mourir. Pedro et Josué les imaginaient bien, et presque les voyaient, descendre dans l'eau sombre du cerveau de Mani comme des poissons éclatés.

— Un jour, dit enfin Mani, je me suis assis au milieu des cochons, je leur ai dit ça, et ils m'ont cru.

Alors le soldat eut un rire colossal. Perez s'esclaffa en

tenant sa bedaine, et finalement personne ne se retint de rire, y compris Mani.

Le calme revint. Deux hommes, en aparté, se racontèrent quelque chose. On entendit le son d'une pièce de nickel, et dehors : « Heureux ceux qui pleurent, car ils seront consolés. »

Le fusil glissa contre le mur et tomba. Le soldat alla le redresser. Puis, comme le perroquet dans sa cage, lui si bavard, ne parlait plus, Perez alla voir et le vit crevé parmi ses graines.

— Gaëtano est mort, dit Perez lugubrement, hébété, tenant l'oiseau entre ses doigts recourbés en forme de berceau.

— Il avait au moins l'âge de ma grand-mère, dit quelqu'un assis près de la fenêtre.

Ce qui surprit l'assistance, c'est que le fusil tomba encore une fois.

— *Sangue de Deus*, proféra le soldat furieux, qui le mit à la bretelle puis sortit.

Mani aussi quitta la posada. Il la contourna et alla s'appuyer contre un arbre pour pisser. Quand il eut fini, Pedro et Josué, qui l'avaient suivi à quelque distance, virent qu'une fois de plus il avait arrosé son pantalon. Il tituba, s'affala dans les herbes. Eux décampèrent, de la colère et de la dérision plein le cœur.

Ils entendirent chanter, là-bas, autour du cercueil : « Heureux ceux qui pleurent, car ils seront consolés ;

heureux les doux, car ils hériteront de la terre », et bla-blabla, et tralala, pendant que, chaque chose occupant sa place, coulait et coulait sans fin l'immense cadavre de la neige éternelle.

Le temps, lui, aurait-on dit, ne s'écoulait pas. Il sta-gnait. Qu'elle serait longue, morne, cette journée pire qu'un dimanche ! Les enfants ne devaient rien faire d'au-tre, s'ils ne chantaient pas, que se promener dans leur culotte propre, leur chemisette propre, bien peignés si possible et même, pour quelques-uns, chaussés de bot-tines ! Sans compter qu'il n'y aurait pas non plus la maigre diversion du repas de midi et du soir, à cause du jeûne. Les adultes accaparaient cette semaine pour Dieu et pour eux, contents de s'accoutrer, de faire du bruit, de s'étourdir de lumières, de respirer les roses et l'encens, de chanter leurs psaumes, litanies ou cantiques, de se faire voir les uns les autres, et de se faire bien voir du padre !

Seul Mani, qui ne mangeait pas de ce pain-là, aurait pu les distraire. Hélas ! C'est justement lorsque les autres mangeaient de ce pain qu'il buvait, lui, la cachaça. Dans ces conditions, il ne tardait guère à rouler dans l'herbe. Ce qu'il disait d'ordinaire, sans avoir bu, était toujours inattendu, instructif, troublant, parfois risible, parfois terrifiant. Il racontait, prophétisait, élucubrait, pêle-mêle. Il y avait dans ce galimatias ce qui était bon à savoir, qu'on prenait ; ce qui était incompréhensible, qu'on rejetait ; ce qui portait au rêve les yeux ouverts, comme si la conscience devenue condor planait sur l'Amérique bleue ; et ce qui hantait la pensée, suspendu tout chaud dans la pensée comme un vampire. Par contre, quand il avait trop bu, c'était sans queue ni tête. Passe encore de faire croire aux réponses de l'intestin ou du palmier maraja-assu, mais quant à prétendre que les cochons l'avaient écouté et l'avaient cru : non !

Ils longèrent la grève et s'assirent sur un canot à l'envers, devant l'appontement.

Le ciel, déjà, se brouillait. Une chaleur lourde leur collait la chemisette au torse. D'énormes nuages couleur fer viendraient bientôt des Guyanes, masquant en amont du fleuve l'île de Serpa, voilant en aval les falaises du Barro Vermelho, croulant et glissant par tous les lits secondaires — ceux de l'Urubu, du Uatuma, du Yatapu — pour couvrir chaudement et lourdement le lit roi. Puis l'eau qui planait viendrait s'unir à l'eau qui rampait. L'eau oiseau rejoindrait l'eau serpent, et tous ces gens avec leurs cierges, comme des fourmis, seraient dispersés.

— Le fleuve, dit Pedro après avoir longtemps réfléchi, n'est pas le cadavre de la neige éternelle. C'est la neige qui est le cadavre de l'eau éternelle. L'eau tombe, le froid la prend, la rend toute raide et livide comme les

215

morts. Puis vient le soleil, qui la délivre. Ce fleuve que tu vois, c'est l'eau ressuscitée.

— Et où va-t-elle ? dit Josué.

— Eh bien, réfléchis un peu : elle va se perdre dans la grande mère de l'eau, qui ne meurt jamais.

Une pirogue apportée par le courant buta contre l'appontement, se mit en travers et resta prise à des branchages.

— Une pirogue avec des affaires dedans ! cria Josué. On pourrait la retenir avec une perche !

Tous deux se levèrent.

— Mais on n'a pas de perche, dit Pedro.

— Cours en trouver une !

— Où ? Où donc ?

— Prends un machete et coupe un grand roseau !

— Elle sera partie ! Je descends dans la pirogue et je me tiens à l'appontement !

— Non, Pedro ! La pirogue s'en ira et t'emmènera, et tu te noieras !

— J'y vais !

— Laisse-la, Pedro ! Tu vas te noyer !

Pedro courait vers les pilotis.

— Tu vas salir tes habits et te noyer ! hurla Josué en regardant du côté de la foule, pour la prendre à témoin.

Heureusement, la force du courant dégagea l'embarcation, qui pivota, heurta le pieu d'angle et reprit sa dérive, sur l'eau puissante et tourmentée.

Ils n'eurent alors d'autre ressource que celle d'aller à leur litière d'herbes sèches et de fleurs fanées, abritée par un toit de palmes, sous les basses branches : l'empire. Là, ils se blottirent, se calfeutrèrent, l'oreille, le nez, l'œil en alerte. D'invisibles habitants vinrent les voir à petits pas feutrés, ou battant des ailes, ou mus par leurs anneaux. Le furo de Ressaca roucoulait. Peut-être y avait-il près d'eux, tête en bas, narquois, le serpent sucuriju. Et confusément se soulevait le vieux poumon de la terre, cognait son cœur et chantait son sang, là, juste là où ils nichaient, dans le sanctuaire.

A force d'accumuler le fer, le plomb et le soufre dans les vessies des nuages, le temps trop lourd se déchargea d'un coup. Gens, bannières, croix, grelots, bouquets : tout fut trempé, éparpillé. Quelques cierges éteints tombèrent. La déploration cessa, et le Christ encore une fois resta seul, nu dans son cercueil, le ventre couvert d'orchidées, encore plus maigre, plus livide, plus triste.

L'eau éternelle tombait. L'humidité empirait. Culotte et chemisette collaient à leur corps, par plaques. La toile leur adjoignait une seconde peau. Ils se surprirent l'un l'autre à toucher leur propre cierge vivant. Quelque chose dans ce monde n'allait pas. Il y avait entre eux et les gens une sorte de précipice, quelque chose qui les en séparait, et qui s'ouvrait, s'ouvrait. Etranges, ils gardaient la main, à travers le tissu, sur leur petite verge, et comme cela se regardaient.

— C'est un péché mortel, dit Pedro.

Josué enleva sa main.

— Rends-toi compte : le jour du Samedi saint c'est un péché deux fois plus mortel.

— Crois-tu qu'on ira en enfer ?

Pedro, assombri, presque accablé, contemplait la pluie.

— Oui, ça se pourrait bien.

Depuis longtemps un déluge chuintait sur l'eau blanche, grossissait la vase, terrassait le monde vivant, lorsque tout à coup le froissement d'une ruée à travers le feuillage les dressa sur leurs jambes.

Un garçon indien, tout éperdu et ruisselant, déboucha, piétina même la litière, emporté par sa vitesse. En les voyant il s'immobilisa, demeura dans l'attitude de sa course, bras brandis, jambes tendues, bouche bée. Puis la frayeur le fit aller à reculons, et il s'adossa au tronc du muscadier. Là, il les regarda d'un grand regard noir, qui disait : « Ne me tuez pas ! » Bien qu'eux aussi eussent peur, Josué, le premier, eut le courage de sourire, ou peut-être sa surprise charmée, son ravissement profond furent-ils plus forts que sa peur. Il fit un signe d'invitation, dit d'une voix câline :

— Viens.

Entièrement nu, à part un fin collier de perles bleues, c'était un sauvage. Il pouvait avoir leur âge : douze ans.

Il restait adossé au muscadier, mais, mis en confiance par la douceur de Josué, songeait à fuir ; son regard les quitta pour se porter plus loin, dans la direction de sa fuite, là où il ne savait pas qu'il n'y avait aucune issue.

— Furo, furo, dit Pedro en pointant le doigt vers l'angle de terre, au confluent.

— Il ne sait pas notre langue, dit Josué.

Peut-être, s'il avait l'ouïe fine, entendrait-il le bruit du furo derrière eux, malgré celui de l'Amazone et celui de la pluie ?

Josué mit une main en cornet derrière l'oreille. Chacun écouta. Dans l'immense rumeur des eaux, il y avait bien trois rumeurs — celle qui tombait du ciel, celle qui courait d'amont en aval et celle qui glissait en travers, venue des varzeas. Le jeune Indien comprit tout de suite. Une grande terreur emplit son regard, qu'il abaissa comme si tout son espoir de vivre périssait. Alors seulement ils s'aperçurent qu'il était rendu au terme extrême de ses forces. S'il se tenait encore debout contre le muscadier, c'était grâce, sans doute, à la suprême ressource de la vie, qui retarde l'instant d'être à merci.

Pedro, faisant un signe descendant avec ses mains, l'invita à se reposer au pied de l'arbre. Il n'en fit rien.

— Il doit avoir faim, estima Josué.

— Tu as raison.

— Miam, miam, prononça Josué, qui fit le simulacre de mastiquer en se frottant le ventre.

Mais le sauvage, assombri, ne réagit pas.

— Va chercher un morceau de *casabe*, et aussi une banane, dit Josué.

— Mais c'est le jeûne, rétorqua Pedro. Manger est un péché !

— Pas pour lui. Il n'est pas chrétien. C'est comme si tu donnais à une oie. Va vite. Tu trouveras la galette sur l'étagère. Mère est à la chapelle.

Pedro disparut dans la végétation mouillée. Ce fut une impression très forte, poignante, presque magique, pour Josué, que d'être seul avec ce garçon nu, d'un autre monde. Et puisque celui-ci persistait à se tenir debout contre l'arbre malgré son épuisement, il put le regarder tant qu'il voulait. C'était au sexe bien en vue, libre, sans protection dans les griffes de la forêt, qu'allait le plus souvent son regard triste. Mais il voyait aussi que le garçon indien était fort comme il aurait voulu l'être. Mince, il avait ces muscles qui font le bras d'un homme en plus fin, quadrillent l'estomac, mettent un ressaut à la cuisse. Comme il se tenait à présent, ce ressaut vibrait et brillait, et ressemblait à deux poissons pris dans un fourreau cuivré.

Le corps, le corps surtout subjuguait Josué. Ce corps de douze ans luisait tout autrement que celui du Christ.

Les blasphèmes, les sacrilèges et les orchidées ne s'y attachaient pas. Rien n'y tenait, qu'un rang de perles bleues, que de toutes petites plumes rouges aux oreilles, et les gouttes de la pluie qui l'emperlaient.

Pur comme le poisson, pur comme le serpent, c'est à peine s'il frémissait contre l'écorce, fastueux et ensorcelant.

Pedro revint avec un morceau de galette et une banane verte. Il les offrit au petit sauvage, qui engloutit le tout à grands coups de dents. Cette offrande des aliments modifia leurs rapports. De ce qu'on le nourrissait, l'Indien déduisit vite qu'on lui voulait du bien, et après que Pedro et Josué se furent nommés, le doigt sur la poitrine, plusieurs fois, il les imita en répétant un mot — probablement son nom.

— Atui, Atui.

Ensuite, ils s'allongèrent à demi sur leur lit d'herbes jaunes, le prièrent d'y venir lui aussi s'étendre, entre eux. Il vint à pas très doux. Il s'assit dans l'espace libre, puis, circonspect, se renversa. Un instant, ses yeux restèrent ouverts. Quand il les ferma, ils virent là une marque de confiance dont ils furent satisfaits.

Tous deux, sans mouvement, chacun appuyé sur un coude, considérèrent ce corps un peu étranger au monde de la terre, présence surnaturelle, semblable d'une certaine façon à celle du Seigneur Jésus à Emmaüs. C'était bizarre : ce corps de garçon pareil à leur corps de garçon exprimait un mystère, luisait d'une lueur magique. Ils avaient peine à croire qu'aussi subitement reposait près d'eux un être de la forêt, sorti tout vif de son cercueil vert. Si terrifiantes étaient les légendes sur ceux qui habitaient, nus et sauvages, la grande Amazonie, qu'on doutait qu'ils fussent réellement vivants. Leur légende les avait tués. Et voilà qu'un de ces êtres sans vie réelle respirait contre leur propre corps, respirait et s'endormait, palpable, facile à toucher, un peu comme le Christ en personne, le jour où saint Thomas avait palpé ses plaies. Mais Atui ne les intimidait pas, au contraire. A proportion de ce qu'il était surprenant et irréel, le désir montait d'y mettre la main. Il ne s'agissait pas seulement d'obtenir une preuve. Le corps d'Atui attirait la chair, il l'aimantait et la réclamait, avec une étrange envie rouge de fleur carnivore à l'envers, s'ouvrant pour qu'on la dévore.

A loisir, maintenant, ils pouvaient voir bien à découvert, exposé avec naturel, ce qu'ils n'osaient voir sur eux-mêmes parce que le padre l'interdisait. La petite verge reposait, molle, sur le ventre, et les deux boules dormaient du même côté.

Chez lui, ce n'était pas un péché. Il ne connaissait ni le Christ, ni le padre, son représentant sur la terre. Vit-on dans le péché sans rien savoir du péché, comme l'affirmait le padre ? Cela leur semblait injuste.

222

La grande pluie chaude tombait. Quelques gouttes, transperçant le feuillage et le toit de palmes, mouillaient leur litière. Josué était bien au sec, mais Pedro trempé, qui était allé chercher le casabe et la banane. Etendu sur un espace juste suffisant, entre eux qui le serraient, tel un poisson entre deux poissons sur une claie, le corps d'Atui restait humide. Une poudre de pluie l'illuminait comme un jouet verni. Les muscles des cuisses au repos ressemblaient à des serpents rouges envasés. Son ventre approfondi dans l'abandon évoquait une baixa pendant la décrue, encore molle et tendre de sa dernière vase, tant qu'on aurait pu, en fouillant, sentir à l'intérieur les enroulements pourpres des boyaux.

— Crois-tu qu'on peut le toucher ? demanda Pedro.

— Je ne sais pas, moi, dit Josué. Touche-le, on verra bien.

— Non, touche-le, toi.

— Non, toi.

— Ce serait un péché.

— Mais non. On peut le toucher comme on touche une poule ou un chien. Il n'est pas chrétien. On peut le toucher tant qu'on veut.

— Alors, commence.

Timidement, la main de Josué effleura le ventre, monta vers les côtes. Atui ouvrit les yeux, regarda, sourit et referma les yeux. Il consentait, ou peut-être l'épuisement l'emmenait-il, invincible, de l'autre côté de son être palpable. Aussi, Pedro imitant Josué, tous deux risquèrent une exploration craintive de ce qui leur était familier mais défendu, à présent permis et sombrement nouveau, et appartenait en outre à la pure race dont ils descendaient. Nul mystère ne s'attachait à leur propre corps, et beaucoup d'interdit ; aucun interdit au corps d'Atui, et beaucoup de mystère. Ce corps était l'envers du leur, comme l'envers de la peau d'une bête qu'on dépouille. Il ressemblait à ce qu'on découvre dessous par le couteau, alors qu'il n'y avait même pas eu besoin de lui enlever quelque chose.

Ainsi qu'ils se seraient plu à éprouver le satin sanglant d'une peau retournée, ils lissaient du plat de la main cette peau étrangement douce, dont la teinte évoquait un ensanglantement ancien. Comme elle était tiède, humide, glissante, imprégnée d'odeurs profondes qu'exhalaient en s'accouplant la jungle avec la légende ! Ils touchaient un être pareil à eux, mais issu de son monde à « lui », qu'ils ne nommaient pas de peur qu'il apparût. Caressant ce corps tout frais sorti des touffeurs de la terre amazonienne, ce corps endormi où peut-être « il » s'était introduit ou incarné, ils l'apprivoisaient, câlinement, hardiment. C'était en somme une prière qu'ils disaient avec leurs mains, de la veine jugulaire battante à la cuisse déversée.

Ils s'étaient tout à fait étendus le long du corps d'Atui.

Blottis contre lui, pour un peu ils l'auraient léché, pareils aux chiens, couvert de morsures.

L'immense pluie tiède tombait sans relâche. L'air gorgé de moiteur rampait sur eux. Ils n'en pouvaient plus d'amour, de mollesse, d'ensommeillement. Et, tels qu'ils étaient, leurs bras cerclant l'idole, ils la rejoignirent au pays bleu du grand condor.

Il s'éveilla le premier, Josué. L'eau éternelle gavait la terre repue, qui vomissait. Le cercueil débordait. Et le Seigneur Jésus, dedans, après avoir reçu l'affront, les verges, les couronnes, les clous et la lance, à présent se noyait.

Le bras de Pedro entourait le corps d'Atui. Et tel était le visage d'Atui dormant : la frange en désordre, une sueur scintillante le long du nez, autour de la bouche ouverte, grande, sensuelle et méprisante. Oui, l'on voyait exprimé par elle un mépris de seigneur, moulé avec elle, formé en même temps qu'elle avait été formée, comme on donne son caractère à une poterie, et peut-être était-ce un mépris héréditaire, que la chair conservait à la place du cœur obscurci.

La fin du jour approchait. Des nuages noirs une grisaille tombait bien d'aplomb, mouchetait la berge embourbée, rendait tout alentour plus spectral et plus spongieux.

Josué eut envie de voir Mani, la posada et la chapelle.

Réveillerait-il Pedro, qui prendrait peur, sans doute, à s'éveiller seul au flanc d'un sauvage ? Mais il dormait si profondément ! Et son bras prenait si bien ce corps confiant, ondé de son intime tiédeur qui l'illuminait dans l'ombre ! Un instant encore il contempla la jeune chair supérieure au cèdre, couverte, sauf le collier bleu, de ses seuls frissons.

La rumeur lui était parvenue qu'on avait ces jours-ci massacré un clan, au bord du rio Madeira. Il demanderait à Mani, qui savait tout. Il n'y avait aucun doute qu'Atui le fugitif était un survivant.

Dans la chapelle, les cantiques allaient de plus belle. La posada regorgeait de gens. On fêtait, avec l'alcool de canne, la Résurrection. Que de fumée là-dedans, que de mots à tort et à travers, de cris, de sonorités, sous la cage vide du pauvre Gaëtano ! Le soldat buvait lui aussi. Son fusil était à même le plancher, comme s'il n'avait plus voulu tenir contre le mur depuis la mort de Gaëtano. Mais point de Mani.

Il le chercha, et le trouva sur son séant au pied du palmier maraja-assu. Ses yeux grands ouverts ressemblaient à deux trous par où la nuit entrait et sortait.

— Mani, c'est moi : Josué.

Il avait l'air d'un mort assis.

— Qu'est-ce que tu veux ?

— Est-ce vrai, Mani, qu'un clan indien a été massacré au rio Madeira ?

— Pourquoi demandes-tu ça ? répondit-il avec étonnement.

— Pour savoir.

— Trente hommes, femmes et enfants ont été tués, il y a cinq jours, à l'entrée du parana de Canuma, par des prospecteurs. Ces prospecteurs seront ici demain matin. Ils fêteront Pâques ici.

— Fêter Pâques après avoir tué, c'est un péché mortel ! s'exclama Josué, révolté.

Un long silence coula, comme un très grand serpent nocturne.

— Ils n'iront pas en enfer, et ils le savent. L'enfer est ici même : l'enfer vert des seringueros, l'enfer jaune des llaneros, l'enfer noir dans les mines du Pérou, l'enfer rouge du cuivre, l'enfer blanc. L'enfer des pauvres est de toutes les couleurs. Il n'y en a pas d'autre. Regarde, regarde là-bas, noyé dans son cercueil, l'imposteur. Il ne les punira pas. Il est mort. Mais l'autre viendra, celui qui vit, qu'un jour je vous ai nommé : Curupira.

— Non ! Ne prononce pas son nom !

— Ne crains rien. Il ne tue pas les enfants. Il les berce le plus souvent, quand ils dorment, avec le bruissement qui court dans leurs veines. Tous les paranas de ton sang, c'est lui, et lui l'emportement, le délire, le délice du sang. Tu as trouvé la vraie prière. Retourne prier. Aime-le.

227

Josué allait en demander plus, mais Mani, déjà, n'était plus là. L'expression de ses yeux disparut pour recevoir l'invisible — ce qu'il y a derrière les images. Le soleil resplendissait à l'intérieur de lui seulement, monté du lac de cachaça, et la pluie brisée par les palmes n'arrosait que sa forme insensible. Il devenait sa momie sans avoir besoin d'être mort et embaumé. Les rides l'envahissaient telles de mauvaises herbes, ses veines noircissaient. Toute sa vie ailleurs où luisait le grand astre inca, il retournait au monde d'avant les contraires.

Ici-bas, disait Mani, la vérité est partagée en deux, comme un fruit tranché d'un coup de machete ; ses deux moitiés donnent l'impression qu'elles ne se ressemblent pas du tout : on les appelle les contraires, par exemple le noir et le blanc, l'oiseau et le serpent, la douceur et la férocité, alors qu'elles ont la même origine et ne sont qu'opposées l'une à l'autre comme les deux parts d'une mangue coupée. Et lorsqu'il mourait à la vie, il vivait avant le coup de machete, dans l'inconnaissable lumière du fruit qui n'était pas coupé.

Les cantiques coulaient, indéfiniment. La pluie priait. Josué secoua sa torpeur devant la carcasse désertée du magicien. Il déroba chez lui un autre morceau de casabe, puis courut où l'appelait l'ensorcellement.

Comme une boule de reptiles qui s'accouplent, le corps d'Atui entortillait toutes les formes et lumières possibles du bien et du mal. Ce qui était bon et ce qui était vilain s'y confondaient dans l'inextricable. Il était la mangue intacte de Mani.

Pedro et Atui ne dormaient plus. L'un contre l'autre, ils se chuchotaient des mots dans leurs langues incompréhensibles l'une à l'autre. Atui s'assit pour manger le casabe. Puis, très content, il se recoucha. Un bon sourire d'aise entrouvrait ses lèvres pleines, sanguines.

— Je suis tout trempé, je me déshabille, dit Josué.

— Tu ne crois pas que c'est un péché ?

— Non, quand on doit dormir et qu'on est mouillé.

— Alors, moi aussi, dit Pedro, qui se leva, enleva sa chemise et son pantalon.

Tous deux s'allongèrent contre Atui, et le prirent dans leur double étreinte. Ils serrèrent très fort contre leurs hanches dures ses hanches qui saillaient, comme si cette rencontre la plus stricte des os pouvait les préserver d'une mort analogue à celle du Christ, d'une mort catholique. Atui riait.

Une grande part de la nuit, alors que le déluge calmé puis interrompu n'empêchait plus la touffeur de les prendre, ils connurent jusqu'au fond l'obscurité et l'eau qu'ils étaient. Ils connurent, comme on mord jusqu'au cœur une mangue juteuse, l'insanité de la guerre des races. Ils se vautrèrent dans leur nuit rouge. Les deux fruits clairs et le fruit brun se savourèrent entre eux. Ils formèrent de leurs douze membres lisses un animal nouveau, qui s'enlaçait lui-même, haletait et soupirait : triple enfant qu'enchevêtrait le vieil instinct qui conglobe les serpents.

Pour ce qui était du sauvage, ils ignoraient s'il agissait à son habitude, dans le sens de la sauvagerie. Mais eux s'enfonçaient, ils sombraient en un fleuve qui était eux, toujours plus profond, jusqu'à la vase. La vase, c'était lorsqu'ils avaient la hardiesse horrifiante de s'emparer du sexe indien, comme de l'axe du nouveau monde qu'ils formaient, s'obstinant sur lui chacun leur tour. C'était, cette vase, de se reprendre le membre indien si longtemps et si pieusement qu'il obtenait la raideur d'un axe, mais la sveltesse qu'un axe n'a pas, puisque dans leur jeu pour l'accaparer ils l'arquaient un peu comme un jonc. Et de cette vase qu'ils touchaient, en chair, en veines et en sueur, où ils grouillaient, démoniaquement, délectablement nus, parfois ils discernaient leur surface vue à l'envers, très lourde, qu'il leur faudrait défoncer pour redevenir peut-être des enfants.

A la lueur livide qu'épanchait le Christ à travers cette surface, ils découvrirent la peau miraculeuse d'Atui, comment, même brune, elle s'empourprait, comment, toute brillante, elle fulgurait comme la foudre au cours d'un mouvement sinueux, comment, même concave au ventre, elle s'enfonçait encore sous le poids d'une amoureuse méchanceté qu'ils ne se connaissaient pas ; et sa verge qu'intrépidement ils tourmentèrent, la taquinant de toutes les façons tant qu'elle garda la forme décevante du ver, puis se la disputant lorsque à force elle prit la roideur tendre de la banane rose *piraua*, leur signifiait le sens de la passion. Atui sensible à leur misère consentait sa vie. Il offrait son corps, écarté sur la litière du Golgotha. Malgré les petites plumes rouges et le fin collier bleu, il devenait de plus en plus ce qu'ils ne pouvaient pas être, même dépouillés de tout : une nudité divine — une divinité nue.

Vers l'aube, après un léger sommeil, ils reprirent le jeu goulûment, comme dans un interstice de vie avant d'être fusillés. Pedro, pour s'amuser, immobilisa très haut les bras d'Atui, qui riait. Il les tira, les croisa autant qu'il put et s'agenouilla sur la croix qu'ils décrivaient, de manière à ce que le buste, comme le montrent les crucifix, soit le plus squelettique possible. Vraiment c'était magique, ce que la poitrine réussissait pour jouer le jeu du divin supplice, en montrant toute son ossature du haut en bas et en amoindrissant le ventre. Puis Josué, à genoux sur les jambes, qui ne pouvait pas donner le coup de lance du soldat romain, fit l'inverse : au lieu de porter un trait de fer il tira le trait souple qu'il avait sous la main, il le tira fort en le crispant, si fort qu'Atui gémit, et qu'au cours de cette fausse évulsion toujours pire le ver devint lance.

Ils persistèrent, sur Atui tout transpirant, tout trempé,

l'un agenouillé à jouer les clous, l'autre agenouillé à brandir la lance vive, jusqu'à ce que celle-ci jette la semence, qu'ils virent pour la première fois.

Josué attendri plongea dans le péché mortel. Il s'étendit à plein sur la verge libre qui soubresautait et répandait encore, sur la viscosité prodigieuse inondant le ventre pur, et emboucha la bouche rouge du sauvage pour y boire l'autre dieu.

Alors, ils lui vouèrent le respect le plus doux. Pedro voulut à toute force vérifier les marques liquides avec son propre ventre. Aussi, Pedro qui était à l'écart poussa Josué qui était placé, Josué concéda une moitié du corps, afin de recouvrir Atui ensemble. Il riait, le garçon indien, content d'être couché, couvert d'enfants lascifs, tandis que Josué, unique possesseur de la tête et de l'abondante chevelure noire, le baisait sur ses lèvres ourlées d'or. Il le baisait sur ses dents immaculées comme la neige du géant Illambu. Il le baisait dans l'espace béant entre ses mâchoires écartées, quand brusquement Atui riait — au seuil du vaisseau qu'il entrouvrait d'une autre, rouge et profonde église.

Chose étrange : ils avaient le sentiment que le temps filait à toute vitesse et ne s'écoulait pas. Comme des siècles passèrent dans la main d'un frêle instant, au cours desquels, ne sachant qu'inventer avec Atui, oublieux de ce qu'ils avaient commis il y avait déjà trop longtemps, ils conçurent de le recrucifier. Ils le recrucifièrent comme saint André. Symétriquement aux mains que clouait Pedro sans les clouer, en les liant par des joncs à des éclats de roseau qu'il plantait au point ultime de la distance des bras, Josué cloua les pieds. Atui consentit, un peu inquiet. A la fin, quand il fut en forme d'X sur l'invisible croix de l'herbe, ils le contemplèrent attendris. Ils avaient outré l'écartement. Son buste très côtelé sur chaque versant ressemblait à une palme. Des lianes sautaient dans ses cuisses. D'un garçon presque transparent ils voyaient le squelette, le diaphragme, l'anus, toute une fête en rouge foncé de muscles inconnus. Ils surent comment il était profondément, et qu'ils étaient à son image. Il était, déplié, ce qu'ils étaient, repliés. Il rompait leurs liens en s'abandonnant aux entraves qu'ils lui avaient mises.

Josué tressa et lui mit une couronne en petites fleurs rouges de *laço de amor*. Il lui administra le vinaigre en crachant doucement le sucre de sa salive sur ses lèvres entrouvertes. Pedro simula le coup de lance au flanc droit en y écrabouillant une grappe violette. Mais ce n'était là que les étapes de la crucifixion. Bien vite ils en vinrent au cœur, ils en vinrent où ils voulaient.

Il fallait que ce qui occupait le cœur de l'image, assoupi et pour ainsi dire mort, accomplisse le miracle. C'était dans son brandissement que la vie pouvait être donnée, comme en se redressant du sépulcre le Seigneur

Jésus avait fait la preuve, devant Marie de Magdala, qu'était donnée la vie éternelle.

Ils s'évertuèrent ensemble à cette résurrection du petit corps inerte, couché sur la pente du ventre cave, mort nu renversé au bord de la fosse abdominale, son tombeau. Ils élongèrent le capuchon, ils le troussèrent jusqu'au plus bas. Ils étranglèrent le ver, le tordirent. Ils firent des glandes deux grosses groseilles hors de leurs doigts. Doucement le cadavre se ranimait. Ses veines apparurent. Ils les pincèrent entre leurs ongles. Ils froissèrent la mince gaine sur le faisceau des tendons. Ils la firent coulisser à fond le long de ce tube tout vif qu'elle satinait. Les glandes montèrent toutes seules comme des ballons. Plus le mort reprenait vie et gonflait, plus le tombeau, le ventre, s'approfondissait, s'enfonçait vers les mystères noirs des reins. Atui criait en silence. Eux haletaient à la façon de poissons hors de l'eau, qui crèvent. Le monde n'était plus.

Mais la semence n'était pas. Leur propre membre bondit pour la première fois. Ils furent éblouis. Le jour eut une éclipse et l'encens monta des herbes. Leur élan fut de punir la verge muette. Le vertige les poussa dans la rage de Caïphe. Pedro, avec un jonc, flagella le pubis nu, les douces rivières ganglionnaires, les glandes roses arborées dans l'éblouissement du plaisir. Josué, avec une ciguë, lia tout le bouquet. Mais cette tige raide et ces œufs tendres, quasi disjoints du corps par la liga-

234

ture, leur firent peur. Ils franchissaient la porte invisible entre l'amour et la mort. Alors l'un jeta le fouet et l'autre défit le lien. Tandis que Pedro compatissant léchait l'émail des dents d'Atui, Josué affectueux suça l'une des groseilles. Dans l'instant le verbe fut. La giclée blanche retomba sur la poitrine soulevée, puis coula en paranas vers le bassin collecteur du ventre.

Atui crucifié gazouillait. Et eux, armés de leur petite lance, se vautrèrent en riant dans la bonne parole gluante.

Quelque temps après que Pedro et Josué, fils de caboclos, eurent renversé leur nudité claire, recrus d'amour, de chaque côté d'Atui qu'ils n'avaient pas délié et contemplaient, l'enfant indien eut un spasme, puis relâcha ses membres avec un soupir profond.

Il était translucide, laissant voir la lumière de tout son sang à travers la peau, dans sa solitude suppliciée.

Alors commencèrent les rumeurs. Quelque chose autour d'eux respira, soupira, geignit, se mit à pleurer. Le sol haleta. Les arbres bourdonnèrent. Ils sentirent la présence d'une masse enfouie cherchant à se soulever, tel un immense mort, son dimanche de Pâques venu. Ils surent tous deux que c'était « lui ». En ce jour de la Résurrection, puisque Jésus quittait son sépulcre et le dieu de Mani son sommeil, ils craignirent d'être punis. Ils appréhendèrent de recevoir leur mort des dieux, pour les avoir craints et trahis, peut-être reniés ensemble sur le joli corps indien. Et d'Atui qui entendait lui aussi, roulait ses yeux noirs, tendu par l'effroi, ils n'abandonnèrent pas le corps mais au contraire l'affermirent contre eux le plus strictement qu'ils purent, collés, Josué à la bouche vaincue qui pompait le sucre du baiser, Pedro à la veine du cou, tous deux au ventre cave et inondé, chacun à chaque cuisse, tels des vampires. Ou l'étreinte les confondant en une seule bête les préserverait, ou le dieu outragé foudroierait cette bête. Il n'était plus possible que de persévérer à fond, bénis ou maudits, dans la profondeur sans nom, car ils désobéissaient, ou ils obéissaient.

Un grand râle humain les glaça. La terre eut un sursaut. Le furo bouillonna derrière les arbres. Atui fou de frayeur se débattit, arracha les éclats de roseau. Ils firent ventouse sur son corps contorsionné, et dans ce jeu de serpents connurent plus encore l'immonde délice d'être nus. Terreur et volupté les plièrent ensemble, les conduisirent à la science des nœuds et des anneaux, leur apprirent la torsion, la flexion, la succion et la ponction, tant qu'ils se sentirent muer en plantes cannibales, qu'ils salivèrent comme on saigne, électrocutèrent leurs muscles, mordirent leurs veines. Ce fut une triple fuite vers un même centre, et la voie de ce centre introuvable était l'enlacement mouillé de leurs satins, l'encastrement de leurs squelettes, le voisinage de leurs flux arté-

236

riels et le mélange de leurs souffles, car ils se cherchaient la bouche, chacun inspirait l'air que les poumons des deux autres expiraient, et l'expirait dans leur bouche ouverte.

Mais l'épouvantement cessa d'un coup. Ce fut le silence. Ils se désunirent tout tremblants. Ils restèrent un instant aux aguets, puis Pedro et Josué s'apaisèrent tandis qu'Atui, au milieu, gisait dans l'abandon d'un très jeune mort écartelé, dont la peau s'incise doucement sur ses propres couteaux.

Le parfum d'encens surpassait ceux de cannelle, mélisse, amande amère et patchouli qu'exhalaient les herbes froissées et les écorces après la pluie.

Alors retentirent les cantiques. Pedro et Josué se levèrent pour entrevoir. La foule chantait au soleil, dans un grand déploiement de bannières, un hérissement de croix, une profusion d'amaryllis et de passiflores rouge sang, autour du cercueil devenu bassin duquel deux enfants de chœur en manches de dentelle soulevaient le Christ glorieux. Mais les garçons peinaient en s'éclaboussant pour sortir le lourd cèdre sculpté. Ce que voyant, le padre intervint afin d'épargner à la belle étoffe une inconvenante souillure; lui-même dégrafa le haut de leur aube, affala les manches, troussa le tout à la taille d'une façon sommaire. Torse nu, ils plongèrent les bras, s'affairèrent, s'y reprirent à quatre ou cinq fois, trempés, semblables à des pêcheurs, et enfin mirent Jésus debout. Vraiment ils le soutenaient au sortir du tombeau, deux anges sans ailes, sans luminosité, moitié en blanc, et encore était-ce crotté, moitié dans l'éclat impudique de leur corps que l'aube défaillante abandonnait.

Contre l'appontement, il y avait une grosse chaloupe à vapeur. Dix hommes au moins, Blancs moustachus, discutaient sans même avoir posé leurs fusils. C'était eux, les tueurs du rio Madeira. Pedro et Josué surveillèrent maternellement leur protégé alangui.

Il faisait trop clair, calme et beau. Les fleurs étaient trop rouges, les croix trop brillantes, les enfants de chœur trop nus et les hommes trop armés. C'était l'image, ils ne savaient pourquoi, d'un monde porté trop loin par sa mensongère complaisance.

Ce fut dans l'instant que cette pensée leur vint qu'un colossal rugissement ébranla tout ce qui existait ; tout fut secoué par un fracas de cataracte, un vacarme d'eau tombante, de strates disloquées, d'arbres rompus. La plus énorme bête qu'ils eussent jamais vue déboucha du couvert où ils s'abritaient : un iguane de la hauteur d'un cèdre, de la longueur d'un paquebot, crénelé d'une grande crête dorsale, pourvu d'une lourde tête au regard sanglant, boursouflée comme les lépreux de la léproserie de Belém. Couvert de boue, il bavait, tonnait, pataugeait vers la foule en délire.

— Curupira ! hurla Josué d'une voix d'entrailles.

Tous trois se prirent à bras-le-corps. Leur épouvante était trop forte pour eux. Elle les secouait, les tétanisait, les vidait, les glaçait. Ils criaient sans arrêt, incoerciblement.

Le monstre s'avança sur la berge. Là où s'était tenue la foule chantante, à présent hurlante, il n'y avait plus que le cercueil et le Christ retombé dedans, les aubes tombées du corps des garçons, les objets du culte et les fleurs sur la vase.

Les tueurs essayèrent de joindre leur bateau, ils coururent vers l'estacade, mais la bête était trop près. Ils refluèrent. Insignifiants, ils épaulèrent leurs fusils, tirèrent plusieurs salves. La cuirasse du grand iguane n'était pas la chair indienne. Malgré tout ils firent front, rechargeant leurs armes, les déchargeant sur Curupira semblable à une montagne, dont l'immense queue bourbeuse creusait un canal.

Le soleil de chaque jour éclairait selon le caprice d'une intermittente éclipse ce monde qui avait tant duré, tant persisté dans un mauvais sens qu'à présent il se fracturait. Dieu ! Il se fracturait pour de bon ! La berge minée par la crue s'effondra sous la charge du monstre. Les eaux victorieuses mugirent. Curupira en bramant vacilla dans l'Amazone. Son épouvantable tête dépassa du fleuve, gueule béante, l'œil enragé. Il mugit plus fort que les eaux, qui le privaient de son carnage. L'appontement disloqué s'éparpilla. Le vapeur partit à la dérive. Toute une ligne de maisons faillit avec la terre qui la soutenait. La posada sombra, la cage vide de Gaëtano, la cachaça, les buveurs, la chapelle, les fidèles, les chandeliers avec leurs chandelles. Le catafalque coula, le cercueil et le Christ ressuscité d'entre les morts. Les tueurs furent emportés. Tout un pan de foule disparut, où étaient le padre brandissant sa croix, le soldat avec son fusil Mauser. Une seconde ligne de maisons s'affaissa comme en prière, très doucement. Puis ce fut le tour du palmier maraja-assu, qui partit sans être déraciné, tout seul, vers une vie nouvelle.

Tels qu'ils étaient, Pedro et Josué sortirent de leur empire.

— Mère! crièrent-ils, courant sur ce qui restait de berge. Mère! hurlèrent-ils à pleins poumons, mère! mère! car il ne subsistait du monde fracturé, puni, incompréhensible, que le noyau de la mère éternelle.

Mais il n'y avait plus de grandes personnes. Etrangement, tous les enfants sortirent de la forêt, blêmes comme des morts.

Parmi eux, il y avait les enfants de chœur Francisco et Joao, dépouillés de leurs linges liturgiques. Ils hoquetaient et grelottaient.

De leurs gosiers montait une pure déploration claire.

La berge était une autre berge que les géographes ignoraient; le monde, un autre monde.

240

Leur souffrance les accablait. Ils ne vivaient pas vraiment. Par éclairs ils se souvenaient d'eux-mêmes. Ce qu'ils voyaient les précipitait parmi les images très blanches d'un univers retourné.

Alors que la tête du grand iguane, incarnation de l'impossible, disparaissait, tout un pan de leur vie, où il y avait les contraires, le bien, le mal, les parts jumelles mais disjointes du faux et du vrai, sombrait avec elle.

Une voix les fit tressaillir. Sur la bande limoneuse qui restait entre le fleuve blanc et les arbres inclinés, dans une lumière qui n'était plus d'un jour d'avril mais d'un tombeau béant, Mani à genoux devant Atui le saluait.

Et Atui, dont l'attitude n'exprimait ni la crainte ni la honte, souriait.

Deux quetzals vinrent se poser derrière lui sur un cercueil vide échoué, en compagnie de Gaëtano. Vertical, un jacaranda fleuri dériva à son tour. Un arc-en-ciel enjamba l'Amazone. Tous les garçons et toutes les filles enlevèrent leurs vêtements avec des gestes lents et tristes, bien qu'assez naturels ; ils les oublièrent derrière eux et vinrent se disposer autour d'Atui, assis, calmes et paradisiaques, comme s'il les avait appelés.

Mani lui parla en langue tupi, puis en portugais, afin que tous comprennent.

— Cher enfant, cher enfant, assure la sauvegarde et

le renouveau avec ton beau sang. Reste en vie, pars, emmène-les. Ne te commets pas avec ce qui dégrade. Ne commerce pas avec les fruits de la mort. Sans faute, ils pourriront. Fuis les morts et leurs dieux morts. Ci et Curupira enveniment leurs flèches. Le caïman noir, le cascavel, la mygale velue et le jaguar gardent les lisières du lieu saint. Apprends à tes enfants qu'ils devront tuer les morts lorsqu'ils viendront en d'infinies colonnes, sans armes, doux, repentants, mus par leur dernière espérance. Veille à ce que le surucucu-rana garde son venin. Protège ton allié, le vampire. Cher enfant, bel enfant américain !

Une tendresse angélique les enveloppa tous.

Le padre avec sa croix d'or et le soldat avec son fusil Mauser glissaient dans les sombres couloirs du rio Mar, et Josué de Llano vengé remontait son cadavre.

Le magicien prosterné sanglota.

Un homme qui pleure, quel qu'il soit, terrifie tout le monde : le cœur, alors, saigne d'une ténébreuse blessure, ouverte sur la nuit des temps.

Mais Atui lui caressait les cheveux avec une souriante compassion, orné de ses bagatelles rouges et bleues, stigmatisé par le jonc, couronné par le laço de amor, lustré par sa semence, de plus en plus resplendissant dans la lumière du grand Ci.

CRUCIFICAÇAO

Prenez, mangez, ceci est mon corps.
Buvez-en tous, car ceci est mon sang.

L'Evangile selon saint Matthieu

Moi, Padre Alvaro Coehlo, de Parintins, je suis allé voir cet enfant à propos de qui l'on colporte tant de merveilles. Il était où il se tient d'habitude, dans le quartier pauvre, entre les baraques en ruine et le lavoir. C'est ni plus ni moins qu'un garçon vêtu comme les garçons de son âge, d'une culotte et d'une chemise, pieds nus, sale et décoiffé. Il n'a pas d'ailes, pas de petit rond lumineux derrière la tête. A mes questions pourtant simples, soit il opposait le silence, soit il donnait des réponses presque monosyllabiques, de la façon la plus bête qu'on puisse imaginer. Mais puisque chacun veut le voir, eh bien, que chacun y aille, après tout. Qu'est-ce qu'on verra ? Un gosse de douze ou treize ans, couvert d'une chemise malpropre sans boutons et d'un pantalon avec un grand accroc d'où sort son genou. Qu'est-ce qu'on entendra ? Rien. On se demande bien pourquoi les gens qui étaient passés là sans le remarquer, ou ceux qui n'ont jamais eu la moindre envie de visiter les quartiers pauvres, veulent voir à quoi il ressemble. Ce serait parce qu'il aurait prononcé des paroles surprenantes, employé des mots qu'un enfant normalement ne sait pas, et proféré des choses dont le sens déconcerte tout le monde. Rumeur dont le senhor Almagro de Ponsalve, l'adjoint au maire, un homme estimable, s'est fait l'écho.

Moi, Almagro de Ponsalve, requis pour donner mon avis aux autorités, je reconnais avoir fait courir le bruit qu'un gamin de Parintins proférait des choses remarquables pour son âge, insolites et inhabituelles, et qu'en fait j'ai été abusé par les racontars de ses camarades. Dans la journée d'hier je suis allé le voir. Il boudait, assis sur une grosse pierre. Il n'a rien dit. Puisqu'on me demande de le décrire, c'est un garçon d'une douzaine d'années, aussi sale que les autres, ni lavé ni peigné. Sa chemise n'a plus de boutons. Son pantalon a un large accroc à mi-jambe, qui fait sortir son genou. On

244

pourrait dire qu'il a une beauté particulière, un visage remarquable et une façon de se tenir très gracieuse. Mais c'est tout ce que je puis dire de lui, qui n'est rien et ne peut lui être imputé à tort.

Moi, Jaime Solvaes, gendarme, requis pour donner mon avis, déclare être allé voir le délinquant. Il était appuyé contre la fontaine. Je lui ai dit que la loi l'oblige à fréquenter l'école ; à quoi il m'a répondu qu'il n'en avait pas besoin, que les choses enseignées à l'école n'étaient que des faussetés, et qu'il les savait sur le bout du doigt depuis longtemps comme étant des faussetés. Je lui ai dit que s'il n'allait pas à l'école il irait en prison avec les bandits, mais il n'a rien répondu. Je lui ai dit qu'il pouvait s'enrôler dès maintenant dans l'armée de l'Etat d'Amazonas, comme enfant de troupe, si l'école ne lui plaisait pas. Il n'a rien répondu. Je lui ai dit que ses parents devraient avoir honte de ne pas raccommoder sa culotte, et qu'un peu de fil ne coûte rien, et il m'a répondu qu'il n'avait pas de parents. Par la suite je n'ai pu lui soutirer un mot. Il faisait semblant de regarder autre chose, quelque part. J'ai déclaré tout ce que je sais.

Moi, Dona Alpomiria de los Infantès, je déclare ce qui suit : je suis passée dans cette rue ignoble de notre ville pour voir cet enfant. Quand je suis arrivée, il y avait Elvira Galvan, l'épouse du pharmacien, auprès de lui. Elle lui disait : « Tu n'as pas honte d'avoir ton pantalon déchiré ? » Il a répondu : « Non, c'est exprès. » Elle a ajouté : « Tu veux dire que c'est exprès que tes parents ne raccommodent pas ton pantalon, pour nous faire honte, à nous les bonnes dames de la ville, de votre pauvreté ? » Il a dit : « Je n'ai pas de parents. » Je suis intervenue en ces termes : « Alors, sans parents, tu ne le fais pas exprès, mon pauvre petit, tu ne peux faire autrement. — Je viendrai demain pour recoudre ton accroc », a dit Elvira Galvan. « Je le fais exprès » a-t-il répété en regardant autre part. Maintenant je rapporte tout à la suite ce qu'ils se sont dit : « Crois-tu que tu vas plaire aux filles tout dépenaillé ? — Oui. — Et crois-tu que tu puisses plaire à une belle dame riche comme moi, Elvira Galvan ? — Oui. — Oh, c'est merveilleux ! J'ai une folle envie d'en voir plus ! Pour t'aider à me plaire davantage, petit gamin, je vais améliorer cet accroc tout à fait insuffisant. » Alors Elvira Galvan, avec ses deux poings, a fait craquer le pantalon, du genou jusqu'en bas. Il ne disait rien. Elle m'a regardée et prise à témoin : « Dona Alpomiria, vous vous rendez compte ? — Oui » lui ai-je répondu pour ne pas me mettre mal avec l'épouse de Don Galvan, parce qu'étant de nature délicate j'ai toujours besoin de remèdes. « Ce garnement a du toupet de prétendre nous plaire, et s'il s'imagine qu'un peu de sa petite jambe nous trouble, ça me fait bien rire !

Il ferait beau voir qu'en dames respectables de la ville on se laisse séduire par ce petit loqueteux, mais lui le croit ! » s'emportait-elle. Amusée et curieuse de ce que Dona Elvira Galvan pouvait faire, j'ai dit par plaisanterie : « Il croit peut-être qu'en montrant sa jambe tout entière il nous bouleverserait ? — Ah oui, je vois ce que vous voulez dire. » En s'y prenant de la même façon, des deux mains, Elvira Galvan a déchiré l'étoffe jusqu'en haut de la cuisse, et moi qui n'ai pas pu avoir d'enfant, j'avoue avoir été attendrie par cette nudité qu'on voit souvent chez les plus petits, mais moins souvent chez les plus grands, et surtout brusque de cette façon, et assez jolie en somme. « Tu es bien trop jeune pour nous impressionner », a dit Elvira Galvan en tapant la cuisse de ce garçon avec son ombrelle. Alors il a dit : « Si vieilles que vous soyez, vieilles vos mères et vos aïeules, j'antécède. Avant qu'une graine dans la nuit des temps vous produise, j'étais. »

En ma qualité de padre suffisamment bien écouté, soucieux de ne pas faire montagne d'une souris et d'apaiser les esprits, je persiste à dire qu'il n'y a rien de plus banal que ce garçonnet des quartiers pauvres enclin à la fabulation. Je ne vois rien là qui puisse émouvoir quiconque et soit de nature à troubler l'ordre, sauf évidemment ce pantalon déchiré d'une manière voyante, cette négligeable nudité, visible cependant par les dames de passage, en soi de peu d'importance à cause du très jeune âge, mais quand même gênante parce que l'échancrure monte jusqu'au pli de l'aine, comme je l'ai constaté. La gendarmerie sait, par Dona Alpomiria, que toute la faute en revient à Dona Elvira Galvan, qui a déchiré la culotte du garçon dans un geste de pieuse colère ou de gausserie. Le fait reste le fait, néanmoins.

Renseignement pris, cet enfant n'est pas domicilié dans le quartier où il se trouve d'ordinaire. Ses camarades de rue affirment tenir de lui qu'il habite un village dans les varzeas, sur le rio Andira, mais les paroissiens de là-bas ne le connaissent pas. On pourrait commencer à mon avis par lui demander son nom, ce qui semble élémentaire, s'il a été baptisé, quels sont ses moyens de subsistance. Quant à savoir quelle est son appartenance raciale, il n'est pas de pure race blanche, ni indienne à l'évidence, parce que la teinte de sa peau approche celle du café au lait très clair. Ses traits ont les caractéristiques du métissage. Les yeux sont à peine en amande, le nez légèrement camus, mais la chevelure en baguettes de tambour a le noir brillant qu'on voit chez les Indiens.

Quoi qu'il en soit, cette affaire m'est encore occasion de déplorer la misère physique et morale de certains enfants, dans notre bonne ville de Parintins. Le progrès saura sans doute y remédier dans l'avenir. Pour l'instant, je ne puis qu'accorder les secours inhérents à mon ministère, sous la sauvegarde de Notre-Seigneur.

En tant que commandant de la gendarmerie de Parintins, dans l'Etat d'Amazonas, j'ai requis deux subordonnés pour qu'ils m'amènent ce petit vagabond dont on parle. Sa comparution a été immédiate. J'ai d'abord constaté sa mise non seulement malpropre mais peu décente (encore que son âge, treize ans environ, ne lui permette pas d'effrayer la pudeur) à cause d'une déchirure tout au long de son pantalon qui monte plus haut que la cuisse proprement dite. Je ne suis pas sans savoir, par la déclaration écrite de Dona Alpomiria, que cette déchirure est due à un mouvement d'impatience de Dona Elvira Galvan, ce qui doit être considéré comme un geste d'humeur, et n'être aucunement imputé à charge au gamin.

L'interrogatoire auquel j'ai procédé n'a fourni que des indications négatives. Cet enfant ignore son nom. Il ne sait pas qui sont ses parents. Il n'a ni maison ni famille. Il n'est allé ni à l'école ni au catéchisme. A la question de savoir d'où il tient les vêtements qu'il porte, il répond n'en avoir aucun souvenir, et à celle de savoir comment il se nourrit, il répond : « Je fais comme les petits oiseaux. »

A mon sens, il s'agit d'un cas d'amnésie.

Je l'ai confié au docteur Almendros afin qu'il en juge d'une manière autorisée, et vérifie en même temps l'état de santé, pour le cas où ce garçon aurait une maladie contagieuse.

J'ai donné ordre qu'on le relâche à l'issue de l'examen médical car, d'une part, je n'ai pu retenir quoi que ce soit à son endroit qui justifie l'incarcération et, d'autre part, la gendarmerie n'a ni compétence ni équipement pour le prendre en charge. Je rédigerai une note à l'adresse de la mairie, en suggérant seulement qu'on pourrait aviser la mère supérieure du pensionnat Saint-André, dont au reste j'ignore s'il a vocation de recueillir les orphelins.

Moi, docteur Almendros, le 5 avril 1908, j'ai reçu à l'infirmerie de la prison l'enfant anonyme pour un examen général. Je lui ai ordonné de se dénuder. Il a obtempéré sans embarras. Au premier regard puis à la palpation j'ai constaté qu'il n'est ni gras ni maigre. Nul signe de malnutrition. Ni les bras ni les jambes ne sont malformés. Le corps dans son ensemble ne présente aucune anomalie. Ses mensurations, ses proportions et ses formes correspondent à l'âge de douze ans. A noter cependant qu'une ossature délicate lui donne les contours tendres qu'on observe chez la fille. Toutefois le sexe est normal. Il n'y a pas de phimosis. Le prépuce se révulse comme il faut. Les glandes sont bien placées et souples. La peau a une texture fine et beaucoup d'éclat. Rien à signaler quant au réflexe rotulien et à la tension artérielle. La cornée oculaire est d'un blanc bleuté. La prunelle réagit au faisceau lumineux. Les dents n'ont aucune carie. Le stéthoscope ne décèle pas de bruit suspect. L'urine est claire. Le sang se coagule bien.

Si le corps est suspendu par les mains à un anneau, la cage pulmonaire accuse sans lacune tout son développement. L'angle chondral fait très nettement surplomb. Les bras peuvent exercer une traction sur l'anneau et la maintiennent un temps appréciable. L'enfant assis peut amener les doigts de pied contre le front, puis mettre son talon sur sa nuque.

Ce garçon est en bonne condition physique, mais l'absence de réponses aux questions que lui ai posées, concernant les circonstances de sa vie, suggère le diagnostic d'amnésie précoce. Il a perdu la mémoire.

Moi, Juanita Oxacal, qui suis allée voir à la fontaine l'enfant de nulle part, je peux dire qu'il y avait au moins dix personnes, de vieux messieurs et des dames assez jeunes de la bourgeoisie, debout autour de lui, qui lui posaient des devinettes auxquelles il ne répondait pas, et lui lançaient des moqueries. Alors deux gamins pleins de malice se sont approchés de lui pour se faire remarquer. Ils ont d'abord fait semblant de lui entourer affectueusement les épaules en clignant de l'œil vers le public.

Puis, d'un seul coup, ils ont tiré de toutes leurs forces sur sa chemise, l'ont fait craquer et se sont sauvés avec les lambeaux. Le garçon sans nom n'a rien dit. « Eh bien, voilà, s'il pleut ta chemise ne sera pas mouillée » a dit un vieux monsieur en panama. Tout le monde a ri. « Va donc dans les varzeas, petit nigaud, tu y trouveras autant d'habits qu'il y a de roseaux » quelqu'un a dit, et quelqu'un d'autre : « Avec un seul roseau, vu ce que tu as à cacher, ce serait bien suffisant. » Une femme de mauvaise allure, avec un chapeau à voilette et beaucoup trop de rouge à lèvres, a ajouté : « Non, un jonc à la taille, une renoncule devant et une autre derrière. » Toutes les dames se sont mises à rire. Alors cette femme dévergondée s'est approchée du garçon sans mémoire en lui disant sur un ton câlin : « Nous sommes trop méchantes avec toi. Moi, j'ai pitié, je raccommoderai ton pantalon demain sans faute. Et d'abord, que je voie si la trame peut se reprendre. » Elle inspectait les effilochures. Soudain, elle a agi comme les deux gamins, elle a fait craquer tout le haut du pantalon avec l'ourlet de la ceinture, et s'est enfuie en ouvrant pour rire sa grande bouche rouge. L'enfant n'a pas bougé. Il regardait la poussière. Puisqu'il n'avait rien sur le buste, son pantalon séparé en deux ouvrait une longue ligne nue qui n'était interrompue nulle part, si bien qu'on pouvait dire qu'il était comme une banane épluchée d'un seul côté. C'est à ce moment qu'un vieux monsieur charitable a sorti une ficelle de sa poche, et il est venu la lui nouer à la taille pour que son pantalon tienne.

Moi, Juanita Oxacal, je veux témoigner de ce que j'ai vu et entendu ce matin, parce qu'on inflige trop de misères à ce pauvre gosse. Je suis allée toute seule aux confins de la ville, où commence la varzea, car on m'avait dit qu'il y était. Quand je suis arrivée, il y avait cinq ou six petits malandrins avec lui. Il regardait attendri un pigeon blessé. Ce pigeon s'était pris en vol dans les fils de fer à la cime d'une palissade. L'enfant sans mémoire le regardait se débattre et saigner, d'en bas de cette haute palissade. « Tu voudrais le sauver, l'oiseau ? » a dit un gosse, goguenard. « Oui, parce qu'il est notre frère de vie et a traversé tout blanc les clairs de lune. » Un autre gosse a ricané : « Ah oui, s'il a pu réussir ça, on ne peut pas faire autrement. » L'enfant a dit encore : « C'est aussi parce que l'âme du grand Ci palpite sous son plumage. — Allez, on n'est pas des chiens et on va t'aider. » Deux d'entre eux sont allés chercher un fût en fer oublié dans les parages, l'ont roulé puis dressé contre la palissade. Un gamin a grimpé dessus. « Monte, toi aussi, je te ferai la courte échelle. » L'enfant de nulle part a grimpé sur le fût, puis sur les paumes jointes du voyou, puis sur ses épaules. Celui-ci s'est redressé pour que le sauveteur du pigeon puisse saisir les pieux pointus. « Tu te tiens bien ? » a-t-il demandé. « Oui, des deux mains. — Alors, tu y restes. » Disant cela, il a dérobé ses épaules, et l'enfant a été suspendu. Le petit vicieux, sans se contenter de l'abandonner ainsi, à toute vitesse lui a enlevé son pantalon qui ne tenait qu'à la ficelle, a sauté du tonneau, l'a bousculé d'un coup de pied et l'a envoyé rouler au loin. Tous se sont mis à danser, ricaner, faire des grimaces et lui dire : « Alors, tu le décroches, ton oiseau du clair de lune ? » pendant que l'un d'entre eux mettait le pantalon en lambeaux. C'était à fendre le cœur de voir ce garçon pendu si haut à la force des bras, avec absolument rien d'autre sur lui que la ficelle autour du ventre, nu des ongles des pieds jusqu'aux ongles des doigts, tout nu comme une banane et joli comme l'Enfant Jésus sur la paille, et d'autant plus que les sacripants se sont mis à lui jeter de la poussière, des mottes prises dans la vase, des cailloux et même des boulons. Je leur ai dit d'arrêter, que j'allais chercher les gendarmes, mais ils continuaient. Je voyais avec horreur ces deux innocents, le pigeon qui se débattait en saignant, le garçon palpitant qui saignait aussi. Je n'ai pas vu d'autre moyen que celui de m'adosser à la palissade juste sous le corps. Les gosses n'ont plus osé. Ils m'ont huée et se sont sauvés vers la ville. D'en bas j'ai regardé le corps pendu de l'enfant sans mémoire. Il était gluant comme un poisson de baixas. Du sang coulait de son dos, de ses fesses, de ses cuisses. La réserve propre à la femme devrait m'interdire de le rapporter, mais la vérité m'oblige à dire que, sans doute à cause du grand effort qu'il soutenait (j'ai entendu dire qu'un effort musculaire et même la frayeur le produisent et qu'on n'y peut rien), le membre qu'il porte pour engendrer, que je voyais d'en bas, avait la vigueur d'un roseau. Le pauvre garçon gémissait. Toute seule, en m'aidant du tonneau, je l'ai secouru, je l'ai recueilli contre moi, j'ai dû le prendre entre mes bras entièrement nu. Que le Bon Dieu, le padre et la mère supérieure me pardonnent, mais je crois m'être conduite selon les principes de notre religion, et ce n'est pas ma faute si, descendus à terre, alors que je le consolais étendu souriant sur mes genoux, sans que ce soit sa faute non plus, sa semence a giclé et s'est répandue toute chaude sur ma main.

Bien qu'il appartienne au commandant Pirès de prendre les mesures les plus urgentes, ce sera à moi, padre de Parintins, que le rôle difficile incombera finalement. En effet, la déclaration de Juanita Oxacal apporte en l'affaire des éléments nouveaux. Il n'y a pas à blâmer la conduite de cette paroissienne, même si les circonstances dans lesquelles elle s'est exercée sont de nature scabreuse ; au contraire il y a lieu de l'en féliciter, car elle a montré du courage et de la miséricorde ; sans elle l'enfant serait probablement mort.

Les éléments nouveaux sont de deux sortes. Pour une

part ils concernent le commandant Pirès, car on voit de jour en jour s'amplifier les histoires et les scandales consécutifs à la présence de ce garçon. D'abord on dirait qu'en étant conformé comme les autres il excite singulièrement la lubricité des vieux messieurs, des dames du monde et même des enfants. Comment s'expliquer que des personnes du beau sexe ayant un rang à tenir soient tentées de le dévêtir et s'oublient jusqu'à le faire ? Que trouvent-elles à voir un peu plus de peau chez un jouvenceau tiré à des milliers d'exemplaires en Amazonie, semblable à tous — quoique je veuille bien admettre qu'il ait une certaine grâce ? Le cas s'aggrave par le fait qu'il semble indifférent à ce qu'on le déshabille, privé de pudeur, comme si son corps ne lui appartenait pas — ou par le fait alors qu'il aime à le montrer. Etre presque nu dans la rue, devant un attroupement de dames, ne l'effarouche nullement. Soit son amnésie ne lui en donne pas conscience, soit il s'exhibe par complaisance narcissique. Attitude qui stimule encore davantage le désir chez le public d'aller plus loin, d'enlever le reste. Il y a là une brèche où les mauvais penchants s'engouffrent.

La déclaration de Juanita Oxacal fait apparaître sans doute possible à présent qu'il est nu. Personne, tant s'en faut, ne lui mettra quelque chose sur le corps. Ou bien il osera revenir à la fontaine en simple appareil, ou bien il erre dans les varzeas, parmi les grands roseaux,

comme une bête. Par conséquent, à la fois pour le protéger corps et âme et pour abattre ce vent de luxure
qui souffle sur la paroisse, il incombe à la gendarmerie
de l'appréhender sans violence.

Pour une autre part ces éléments nouveaux me concernent, en ceci qu'ils se rapportent non plus au corps mais
à l'esprit. Si peu que l'enfant s'exprime, ce qu'il a déclaré
jusqu'à présent provoque l'étonnement et mérite la vigilance. D'après Dona Alpomiria, il aurait dit en somme
être né avant tout le monde, employant cette formule
inconcevable chez un gosse illettré, méconnue des éru-
dits : « J'antécède » ; ce qui n'est pas une mince affaire.
Ni plus ni moins, cela signifie se prendre pour le Créa-
teur de l'univers. Et d'après Juanita Oxacal, il aurait
dit de ce pigeon qu'il renferme l'âme de Ci, dieu païen.
Loin de moi l'idée de vouloir renouveler au vingtième
siècle les abus et les égarements de la Sainte Inquisition. Cependant, tout un faisceau de données suspectes
pourrait bien m'amener à croire qu'il s'agit d'un cas de
possession dont on guérit par l'exorcisme.

Moi, Gonçalvo Eyquem, cultivateur, je suis venu de
moi-même dire aux gendarmes ce que j'ai vu, parce
que je suis un homme de bon sens et qu'à présent ma
femme me dit que je suis devenu fou, alors, si je suis
fou, qu'on m'enferme. D'abord il faut dire que je suis
allé dans les varzeas, loin, pour prendre les poissons

de crue qui s'y perdent. Je marchais avec mon sac et mon harpon, quand tout à coup j'ai senti l'orage. L'air devenait plus chaud, plus lourd, presque rouge. Je me suis dit : la pêche commence bien, je vais me tremper et ensuite me noyer. J'ai levé les yeux au ciel, et alors, croyez-moi si vous voulez, il n'y avait pas de nuages. L'air était chaud, lourd et presque rouge, je transpirais et il n'y avait pas de nuages. Alors j'ai vu ça : un gamin tout nu, comme les sauvages du haut Andira. Il ne bougeait pas et avait l'air de penser à quelque chose. De loin on aurait dit une fille. Autour de lui il y avait cinq pumas qui feulaient, batifolaient et jouaient de la queue. Vous savez qu'il ne faut pas jouer au plus fin avec les pumas, et comme je voulais m'en aller sans faire de bruit le gamin m'a vu. Il m'a crié : Ne t'en va pas ! Tous les pumas ont bondi, ont couru vers moi et m'ont entouré. Je me suis mis à genoux et j'ai imploré la pitié du Seigneur. Le gamin est venu lentement, il s'est arrêté juste devant moi, qui étais à genoux dans la varzea. Il avait l'air très gai. Il m'a demandé mon nom. « Je m'appelle Gonçalvo Eyquem », que je lui ai dit. Et il m'a répondu : « Va, Gonçalvo Eyquem, rejoindre l'état civil. Ton nom n'est que mots et durera moins que la poussière. » Je l'ai bien regardé et jamais je n'avais vu un gamin pareil, si gai, si brillant. J'ose même dire qu'il n'avait aucune honte à toucher ce qu'il est interdit de toucher sur nous, et qu'il jouait avec. Les pumas se frottaient contre ses jambes. J'avais une peur affreuse. Comme je lui demandais si je pouvais m'en aller sans que les pumas me sautent dans le dos et me dévorent, il m'a dit : « Retourne chez toi, pêcheur. Tu pêches ce qui te reconduit, jusqu'au jour où la chair du dernier poisson ne pourra plus te reconduire. » En courant presque tout du long, je suis rentré chez moi. Et je suis venu dire aux gendarmes ce que j'ai vu et entendu.

Moi, Margarita Sotiriès, dix-huit ans, j'ai dit à mon père ce que j'ai vu, et mon père m'a dit de le dire à la gendarmerie. Avant-hier, je suis allée dans les varzeas pour couper de l'osier qui sert à faire les nasses. Tout à coup, j'ai eu très peur et laissé tomber ma faucille. Là où il n'y a jamais personne à part moi pour l'osier, il y avait un garçon d'environ quatorze ans, sans aucun linge que la décence chrétienne nous oblige à mettre, couché sur le dos dans l'herbe. Il jouait avec un grand surucucu-rana qui rampait à même sa peau. Il s'amusait à le prendre un peu partout, pendant qu'on aurait dit que le serpent s'amusait à ne pas se faire prendre, remuait ses anneaux dans tous les sens et s'entortillait autour de ses cuisses. Ce beau garçon brillait comme de l'or, et l'air était lourd, un peu rouge, plein de foudre rentrée comme quand un grand orage s'annonce. J'ai repris ma faucille en tremblant de tous mes membres, j'ai marché sans bruit puis j'ai couru à la maison.

Moi, Joao Serban, vacher au service de Dona Alfonsina de Quesao, dame âgée qui vit en veuvage et dirige la fazenda, tandis que je travaillais dehors à la nuit tombante j'ai vu un enfant frapper à sa porte, nu des pieds jusqu'aux cheveux. Ce n'était pas un Indien, et d'ailleurs les Indiens mettent quelque chose pour cacher ce qu'on ne doit pas voir, sauf, à ce qu'on dit, ceux du Mato Grosso. Mais enfin, pour un enfant ce n'est pas bien grave. Dona Alfonsina de Quesao lui a ouvert la porte et l'a fait entrer. Moi, j'ai couru jusqu'à une fente dans le mur en planches pour surveiller et la protéger au besoin. Je n'ai pas eu le temps d'entendre ce qu'ils se sont dit d'abord. L'enfant était debout au milieu de la pièce et Dona Alfonsina en face de lui. «Est-ce qu'il t'est arrivé quelque chose, mon pauvre enfant?» a-t-elle demandé. Il a répondu: «Toutes les choses qui sont au monde m'arrivent. Tout m'arrive, de ce qui existe. — Où habitent tes parents?» a demandé Dona Alfonsina. Alors il a dit: «Ils sont là-haut, dans les nuages, et là, dans la vase. Si je touche un arbre, c'est mes parents. Si je touche un serpent, si je vous touche, c'est mes parents, et l'eau, l'oiseau et le roseau. — Oui, je vois ce qui t'arrive, pauvre petit. Je vais te donner du casabe et tu dormiras dans ma maison. Assieds-toi» a dit Dona Alfonsina. Mais au lieu de s'asseoir, le garçon s'est appuyé debout à la table, il a baissé les yeux comme une fille et a fait glisser une jambe contre l'autre, en montant et en descendant, comme quand on frotte une brûlure d'ortie. Je n'avais rien vu de si bizarre, parce qu'il ressemblait à un ange et à une putain. « N'as-tu pas honte de laisser à découvert ce qu'on doit vêtir ? Quel âge as-tu ? » a demandé Dona Alfonsina. « J'ai l'âge du vieux serpent. — Ce que tu as là en bas de ton ventre, il ne faut pas le faire voir », a dit Dona Alfonsina en le montrant du doigt, mais l'enfant n'avait pas l'air de comprendre. « Là, ce que je touche, entends-tu ? » a-t-elle encore dit tandis qu'elle prenait tout dans sa main. « Tu as un cœur de jeune fille, et la mort va t'enlever » a-t-il répondu, et en s'appuyant sur ses bras tendus au rebord de la table il cambrait sa nudité, on aurait dit qu'il donnait en cadeau à Dona Alfonsina ce qu'elle avait dans la main, et c'était un enfant très bien fait de sa personne. Un grand coup de vent a ouvert la porte. Toutes sortes de papillons jaunes, verts, noirs et bleus sont entrés. La lumière éteinte de la lampe à pétrole a été remplacée par une autre. L'enfant a dit : « Toi, qui espères aller au ciel après ta mort, reste encore un instant au paradis. »

Moi, Joao Serban, je ne voulais plus rien dire, mais la gendarmerie m'a demandé de le faire sous serment et sous secret. Je rapporte en homme respectueux des lois que Dona Alfonsina tenait le garçon par son membre pointu, qu'elle l'a poussé en arrière, qu'il est tombé sur la table, s'y est allongé et a écarté les jambes, et que, sous Dona Alfonsina tombée sur lui, qui le recouvrait, il brillait comme une sorte d'ange. J'ai bien entendu les gémissements de Dona Alfonsina, je me suis sauvé pour ne pas en voir plus, et dehors, devant la porte ouverte, à ma grande frayeur, il y avait un puma bien tranquille au milieu du bétail. Dieu m'est témoin que ce grand puma aux yeux jaunes m'a vu, j'ai eu d'un coup la colique, mais sans bouger il m'a laissé partir.

En tant que commandant de la gendarmerie de Parintins, sur la foi des nouvelles dépositions recueillies et sur avis du padre Alvaro Coehlo, j'ai requis dix hommes armés pour explorer les varzeas et appréhender l'enfant anonyme. D'abord, j'ai fait rechercher sans résultat le long du rio Andira. L'investigation s'est poursuivie inutilement vers Juruty. Enfin, j'ai orienté mes hommes vers la grande varzea perpendiculaire à Juruty, qui se transforme plus bas en forêt vierge. Comme ils s'étaient profondément engagés parmi les hautes herbes de la varzea centrale, d'après le témoignage du lieutenant Esquedosan, il a fait soudain une chaleur de four. Tout le monde a pensé à un incendie. C'est alors que plusieurs hommes ont vu le garçon, se promenant nu. Dès qu'il s'est aperçu de la présence des gendarmes il a couru vers le cœur de la varzea grande, où l'on dit qu'il y a douze mètres de boue. Mes hommes l'ont poursuivi. Alors, comme en témoigne le lieutenant Esquedosan dans son rapport, au moment où l'enfant allait être rejoint, à bout de souffle et complètement couvert de boue après plusieurs chutes dans les baixas, la troupe s'est trouvée en plein milieu d'une véritable nappe de serpents-corail et de surucucu-ranas. Les serpents furieux se sont élancés sur les hommes, dont cinq ont été mordus et sont morts sur place dans d'atroces souffrances.

Le lieutenant Esquedosan, fou de rage, enfreignant mes ordres, a épaulé et tiré sur l'enfant, qui n'a pas été atteint. Je l'ai mis aux arrêts.

Devant l'ampleur désastreuse que prend cette histoire, j'ai produit un rapport circonstancié auprès de l'autorité supérieure à Manáos.

Moi, sœur Maria Magdalena, attachée au service du padre de la paroisse d'Orixima, parvenue à l'âge vénérable de soixante-dix ans, comme je venais de fleurir l'autel et traversais la chapelle pour sortir, j'ai vu, de mes propres yeux, assis par terre, contre le mur, près du bénitier, un garçon de treize ans, tout nu, qui m'a dit alors que je passais : « Viens me tenir compagnie. » Horrifiée, je lui ai répondu : « Que fais-tu donc ici, où demeure le Seigneur, dans la tenue de Lucifer, rencogné comme l'araignée ou le crapaud à même la poussière ? » En lui parlant je faisais le signe de croix sans cesse pour

263

me préserver du démon. Je dois dire à ma honte profonde, en implorant le pardon de Notre-Seigneur Jésus et de la très sainte Vierge Marie, que cet enfant avait les jambes écartées avec une nonchalance animale, et qu'il était dans l'état de pénétrer une femme sans avoir l'âge d'être marié. Il m'a dit encore avec une voix de miel et de jasmin, celle du Tentateur : « Viens donc près de moi me tenir compagnie, car je suis seul. Viens, passe ta main sur mes cuisses, qui sont douces. Ne m'enfreins pas, puisque je suis la loi. Tu obéis à des règles de carton, quand je suis la règle d'or. Orgueilleuse femme, vois les bêtes, les plantes obéissantes, que l'homme s'acharne à tuer parce qu'elles obéissent. Vois les obéissantes étoiles. Vous contrevenez, vous êtes des rebelles. — Petit misérable, lui ai-je dit, ver de terre, avorton, tu es l'incarnation pernicieuse de Satan, ton âme brûle en enfer et ton corps n'est que mirage, sinon, avec mon bras armé de la puissance du Seigneur et ce rosaire dont chaque rose est de buis sur un fil en fer, que je porte à ma ceinture, je te fouetterais jusqu'à ce que tout ton sang sorte ! » Alors ce bel enfant dépravé s'est renversé par terre en ouvrant ses cuisses et en couvrant ses yeux avec ses bras, et il m'a dit : « Viens me caresser en silence, car les mots sont des morts. » Il se pouvait bien que ce mirage fût simplement en chair et en os, aussi j'ai dénoué mon rosaire et lui ai appliqué de bons coups sur le corps. Il s'est recroquevillé dans l'angle du mur. J'ai frappé sa nuque, ses omoplates, ses flancs et ses reins. A ce moment, j'ai entendu de terribles bruits dans la chapelle et j'ai vu. Tous les tableaux du chemin de croix, les crucifix, les bannières et les offrandes votives tombaient. J'ai perdu connaissance.

Mon sacerdoce m'a permis maintes fois de constater une tendance à l'affabulation chez les fidèles, comme si une force en eux plus grande que la vérité les poussait incoerciblement à franchir ses limites. Quand cela se passe au confessionnal, je sais quelles en sont les raisons, mais le secret de la confession m'interdit de les divulguer. Autre chose sont les événements qui se produisent à Parintins et dans sa contrée. Il s'agit d'une affaire publique. Pour avoir été le témoin autrefois d'une hystérie collective, j'accueille avec méfiance cet afflux de dépositions spontanées.

Le témoignage de sœur Maria Magdalena me semble suspect par cette indication qu'il comporte : « un garçon de treize ans » (comment définir de façon si péremptoire l'âge d'un enfant aperçu tout à coup dans l'angle d'une chapelle ?) et par un style narratif pour le moins ampoulé (dit-on, sous le coup d'une émotion pareille : « ce rosaire dont chaque rose est de buis sur un fil en fer, que je porte à ma ceinture » ?) Cette religieuse a des tentations, mais littéraires. Quant à la chute soudaine des objets du culte, cela relève du délire.

265

Celui de Joao Serban ne serait pas autrement tourné s'il avait pour but de nuire à Dona Alfonsina de Quesao pour des motifs occultes. La malveillance ou la vengeance aurait pu l'inspirer. Cette scène de séduction entre un enfant et une dame âgée, qui se termine par une galipette, me semble hautement fantaisiste, car elle suppose chez l'un comme chez l'autre des désirs qui ne se peuvent pas. L'épisode des papillons de toutes couleurs et du puma placide aux yeux jaunes prête à rire.

Mêmes remarques pour les témoignages de Margarita Sotiriès et Gonçalvo Eyquem. L'histoire de l'enfant nu évoluant parmi les fauves ou folâtrant avec un serpent nous reporte aux temps édéniques, et nous montre qu'une légende est en train de se constituer avec les images traditionnelles.

Cependant, ces paroles parfois très surprenantes qu'on nous rapporte comme ayant été proférées par le garçon me laissent perplexe, car il est invraisemblable que des gens simples puissent les imaginer.

Combien désolante est l'histoire vraie des gendarmes du commandant Pirès, qui se sont trouvés par mégarde au milieu d'une nappe de reptiles — concentration qu'on a rarement observée mais due, disent les uns, à une extraordinaire intensité électrique dans l'atmosphère ou, disent les autres, à l'existence d'un grand incendie que nous ne percevons pas.

Moi, Dona Alpomiria de los Infantès, je peux porter un témoignage capital, car de ma fenêtre j'ai tout vu depuis le commencement. C'était l'après-midi. En regardant dehors à la fin de ma sieste j'ai aperçu l'enfant anonyme qui venait doucement par la rue Bolivar, nu comme le jour de sa naissance. Il avançait au soleil, sans se presser, d'un pas de premier communiant, les bras le long du corps. Puis il est venu s'appuyer à la fontaine qui est son lieu de préférence et se trouve juste sous ma fenêtre. Il a regardé avec beaucoup de douceur, en souriant, un petit chien qui lapait l'eau dans la rigole. L'une de ses jambes était droite et l'autre pliée assez haut, son pied contre la fontaine. Un gamin l'a vu, puis a couru chercher ses camarades. En un instant ils étaient quatre autour de lui, à bonne distance, muets et étonnés. L'un d'eux a appelé sa mère, qui s'est jointe au groupe en tenue de sieste. Un autre s'est précipité ailleurs, sans doute pour alerter les gens, et comme les nouvelles vont vite, un quart d'heure plus tard il y avait un attroupement de femmes du peuple, de vieillards et d'artisans sortis du lit. Mais la bonne société de la ville n'a guère tardé. Bien entendu, Elvira Galvan n'a pas été la dernière. Juanita Oxacal est accourue affolée et a montré les signes du chagrin le plus profond. Quelques notables sont arrivés, puis Olivia Carvajal accompagnée de sa mère, puis Fernanda de Porto, l'épouse du dentiste, puis Emmanuella Pirès en personne, puis même Dona

Isabella de Ramos, qui a soixante-quinze ans et ne sort jamais de sa somptueuse demeure. D'abord les gens se sont tenus éloignés, intimidés, mais plus ils devenaient nombreux, et surtout plus il y avait de dames, plus ils s'approchaient. Le garçon regardait gentiment le petit chien couché près de lui. Dona Isabella de Ramos, qui ne s'en laisse conter par personne, l'a interpellé : « Hé ! toi, phénomène ! Crois-tu qu'on puisse, même jeunot, se montrer tout nu en pleine ville impunément ? » Elvira Galvan a proféré, furieuse : « Passe encore que ta cuisse sorte par ton pantalon déchiré, mais maintenant il n'y a plus de bornes ! — Sais-tu que tu es passible de la forteresse ? On va t'enfermer à double tour, sacripant ! » lui a dit Emmanuella Pirès. « Laissez-le, c'est un pauvre petit sans raison » implorait Juanita Oxacal en versant des larmes. « Tu vas voir, on va te mettre au cachot, et après on t'enverra dans les mines de cuivre toute ta vie ! — Ou bien dans les salines, tel que tu es ! — Tu verras, quand tu seras tout nu sous le soleil au milieu du sel ! — Tu seras puni comme tu as péché, et tu manieras la pelle entièrement nu sur le miroir du sel ! » Le garçon ne répondait pas, il souriait comme si on lui disait des gentillesses. Il gardait toujours une jambe droite et l'autre repliée contre la fontaine. Les vieux messieurs ricanaient, les gamins se poussaient du coude, et les dames les plus en vue l'entourèrent de tout près. J'ai compris pourquoi Dona Isabella de Ramos a la réputation d'une vieille dame du monde excentrique et originale quand elle a dit : « Mais c'est qu'il n'a rien de rebutant, au fond, quand on l'approche ! » Comme personne n'ose la contredire, et que tout le monde préfère l'approuver, Elvira Galvan s'est empressée d'aller plus loin : « Savez-vous, Dona Isabella, que ce galopin s'imagine nous plaire et que nous pourrions succomber à son imagination ? Il a commencé par nous montrer son genou, et pour finir il exhibe tout son corps sans plus de pudeur qu'un ver, et le courage me manque d'admettre qu'il a tort. — Il n'est pas vilain, cet enfant, a estimé Dona Isabella en l'observant de près avec son face-à-main, il est parfaitement proportionné. — Regardez donc la façon qu'il a de se tenir, cette impudence naturelle ! » a dit Fernanda de Porto. « Et de cette petite chose que tu portes au bas du ventre, t'es-tu déjà servi ? » ironisait Dona Isabella, mais il n'a pas répondu à la question. « Bien sûr que non, s'est écriée Elvira Galvan, il voudrait bien ! — Te plaisons-nous ? lui a demandé Dona Isabella. — Oui, a-t-il dit. — Nous toutes, les bonnes dames de Parintins ? — Oui. — Et moi aussi, malgré mon grand âge ? — Oui, répondait-il en souriant comme un ange d'église. — Mais tu n'irais pas jusqu'à entrer dans mon lit ? s'est hasardée à dire Dona Isabella en affectant un ton sérieux très comique. — Oui. — Oh, le cher enfant ! Alors il faut savoir si l'on a les moyens du vœu » a-t-elle dit tandis qu'elle prenait le sexe du garçon anonyme entre deux doigts, le tirait un peu et le tortillait, et toutes les dames en cercle rapproché, oubliant leurs invectives, se sont mises à rire. Les vieux messieurs regardaient par-dessus leurs épaules. «Dona Isabella, donnez-le-moi, et vous verrez!» a proposé Elvira Galvan. «Mais non, j'y arriverai bien, puisque je lui plais» a dit Dona Isabella avec un gloussement. Elle avait l'air de beaucoup se divertir. Puisque la probité civique m'incite à rendre témoignage sans rien omettre, je dois rapporter que le membre du garçon s'est raidi et agrandi à cause des tirebouchonnements humoristiques pratiqués par Dona Isabella. Surplombant toute la scène de ma fenêtre, je l'ai distinctement vu. «Que vous avais-je dit?» s'est-elle réjouie en s'adressant à Elvira Galvan, qui a dit: «Ma parole, vous avez raison, Dona Isabella. Mettez-le en liberté, qu'on le voie mieux.» Dona Isabella a retiré sa main ornée d'émeraudes, et le pénis de l'enfant se dressait tout seul, effilé, pointu et arqué au bout. L'enfant ne modifiait pas l'attitude gracieuse qu'il avait au début. Il ressemblait à un petit faune blanc solitaire contre une fontaine. Son corps brillait. «C'est bel et bien aussi dur qu'une navette en cèdre!» a feint de s'étonner Elvira Galvan en s'empressant de saisir l'aiguillon à pleine main. Les dames se bousculaient avec de petits cris. Olivia Carvajal a pris le garçon par l'épaule et lui a caressé la poitrine. «Qu'il est doux!» a-t-elle dit. «Laisse-le-moi un instant, Elvira» a quémandé

Fernanda de Porto. « Que non ! Crois-tu que ça dure jusqu'au soir ? — Mesdames, un peu de tenue ! » a protesté Emmanuella Pirès en retrait. Il y avait beaucoup de confusion. « Dis, veux-tu venir faire l'amour chez moi ? » a demandé Elvira Galvan au garçon, qui a hoché la tête en signe d'assentiment, mais comme trois autres femmes le retenaient, l'une par la taille, la seconde par sa jambe droite et la troisième par sa jambe repliée (ensemble, immobiles, ils avaient justement l'air d'un groupe sculpté pour une fontaine), elle s'est vengée en exerçant sur le fuselage, très vite, un mouvement de piston d'une grande brutalité. Il y a eu un brouhaha. Deux gendarmes ont écarté la foule et empoigné l'enfant chacun par un bras. Ils l'ont emmené tel quel, en érection, le long de la rue Bolivar, tandis que les gens criaient pêle-mêle : « Aux mines de cuivre ! Aux salines ! Aux fers ! En forteresse ! Au bordel ! Noyez-le dans la varzea ! Domestique nu chez Dona Isabella ! Au supplice ! Castrez-le ! Aux piranhas ! Aux urubus ! En croix ! »

Après le scandale d'hier, l'enfant sans mémoire a été écroué. Dire « écroué » ne convient pas en fait, car le commandant Pirès, estimant incongru de le mettre avec les criminels de droit commun, qui ne se gêneraient guère pour lui infliger les derniers outrages, l'a isolé dans une courette. Quant à moi, il m'appartient de mander le padre Alvaro Camoëns, d'Alemquer, habilité pour l'exorcisme. Non pas du tout que je croie ce gamin possédé du diable, mais le mieux est d'agir selon la règle, et il en coûtera peu de chose au fond, à lui qui devra répondre à certaines questions de pure forme, comme au padre qui en sera quitte pour un déplacement. Il me tiendra copie du rapport qu'il enverra à l'évêché.

En vérité, l'impudeur totale de l'enfant n'est pas en cause ; elle peut être l'effet direct d'une amnésie. Sait-on ce qu'on fait, quand on ne sait pas qui l'on est ? J'attache par contre une importance extrême aux paroles qu'il est censé avoir dites. De deux choses l'une : ou bien elles sont invention pure de la part de ceux qui prétendent les rapporter, et le niveau culturel de ces gens interdit de les leur attribuer, dans le fond comme dans la forme ; ou bien l'enfant les a réellement exprimées, et son très jeune âge avec son manque d'instruction ne permettent pas d'admettre qu'il les ait conçues. On serait perplexe à moins, et l'on s'empêche difficilement de penser que ce verbe pourrait provenir de quelqu'un d'autre, derrière les apparences.

Padre,
Je suis l'une de vos paroissiennes et m'appelle Juanita Oxacal. Cette suplique voudrait vous apitoyer sur le sort de l'enfant qui n'a pas de nom, car on l'a mis dans une petite cour de la prison aux murs bas, donnant sur la rue, et premièrement les gamins se haussent jusqu'en

haut du mur pour l'insulter et lui jeter de la poussière, et deuxièmement on ne lui donne presque aucune nourriture, dans une gamelle posée par terre, et troisièmement il n'a aucun toit, ni même un avant-toit qui le protège du soleil ou de la pluie. Il faut vous dire que là où on l'a mis, il n'y a que la terre battue entre quatre murs, et qu'on l'y a mis comme on l'a pris, sans lui mettre une culotte ni même un bout de chiffon. Il n'a rien pour se couvrir. Un gamin m'a dit qu'il reste sur le flanc comme un chien épuisé. Si vous pouviez voir le commandant Pirès pour adoucir son sort, je vous serais reconnaissante.

A Votre Excellence Alban de Branco, évêque de Manáos, pour le bien de tous les fidèles, voici le rapport préliminaire de votre dévoué serviteur, Alvaro Camoëns, commis à la paroisse d'Alemquer pour le service quotidien de Dieu Notre Père, agissant en la circonstance par exception et en vertu de l'habilitation reçue de vous avec indulgence, parce qu'à l'origine requis par le padre Alvaro Coehlo de Parintins, concernant un garçon de douze ans dit amnésique et notoirement scandaleux, dont il y a lieu d'établir s'il présente ou non les signes de la possession diabolique. Et voici : selon les règles en usage, je lui ai posé les questions idoines auxquelles il n'a pas répondu. Les leçons de Notre Mère l'Eglise nous apprennent qu'il faut voir là l'endurcissement, et en vertu de quoi je l'ai établi sous réserve. A noter toutefois l'exception qu'à ma question posée comme telle : « As-tu des visions ? Vois-tu des choses que les autres ne voient pas ? » il a répondu : « On peut voir le soleil en face, on ne voit pas ce qu'il y a derrière lui. » Etant donné qu'en vertu des règles en usage au sein de Notre Mère l'Eglise j'ai établi l'endurcissement sous réserve, il m'a fallu passer au test corporel, et j'ai recouru en toute orthodoxie à l'épreuve par la piqûre d'épingle. Le suspect étant fortement lié par les quatre membres pour prévenir une gesticulation, j'ai planté l'épingle au milieu du pubis, et il en est résulté qu'il n'y a pas eu de sang. L'absence de sang a conforté l'hypothèse d'une appartenance au démon. Ayant pratiqué, constaté et consigné à l'instant, j'ai cherché sur lui la marque probante en révulsant les paupières, par l'examen du blanc de l'œil, du conduit de l'oreille, des narines, de la langue, des bourses, du gland par la révulsion du prépuce, de la fourche intime des cuisses, du périnée, de l'anus et de la plante des pieds, mais il n'y a pas eu preuve corroborante de ce que j'avais établi, car le corps en son entier, sans la moindre marque, est absolument pur. Ayant rempli mon office en toute objectivité, toute bonne foi et toute compassion, j'ai fait délier le suspect et l'ai rendu intact à la force carcérale.

Attendu les choses qui précèdent, et attendu l'anomalie constatée, à savoir que le corps de l'enfant est moins proche d'un corps de garçon que de celui d'un androgyne, autrement dit qu'il a une vénusté et une douceur de peau féminines avec des attributs mâles, comme le docteur Almendros l'a déjà vérifié, et attendu les témoignages de personnes insoupçonnables, ma conclusion est qu'il faudrait persévérer dans la recherche des preuves et surtout celle des aveux. L'éventualité d'une appartenance démoniaque est vraisemblable, et je proposerais qu'on en vienne, avec toute la retenue, toutes les précautions et tous les soins requis par la délicatesse physique du sujet, au stade de la question.

Car le diable existe et redoutables sont ses voies pour conquérir ce qui appartient à Dieu. Amen.

A Votre Excellence Alban de Branco, évêque de Manáos pour le bien de tous les fidèles, voici le deuxième rapport établi par votre humble serviteur, Alvaro Camoëns, concernant le garçon suspecté de sorcellerie. J'en appelle à votre indulgence notoire et haute bonté pour les lacunes ou les erreurs que vous pourriez déceler dans la manière dont l'affaire est poursuivie, soit par zèle surérogatoire, soit par zèle insuffisant, compte tenu de ce que la coercition de l'Eglise ne s'exerce pas ici sur un adulte.

Et voici : le lendemain matin j'ai fait amener le suspect, et j'ai procédé au même interrogatoire que la veille, auquel, comme la veille, il n'a pas voulu répondre. Je lui ai patiemment représenté que le mieux qu'il pût faire était de consentir des aveux spontanés, puis de se repentir ; auquel cas il n'aurait qu'une punition légère ; autrement je serais obligé de l'y contraindre par la question ; mais il a persisté dans son mutisme et son endurcissement.

Je n'ai pas eu besoin de le dévêtir, car l'Autorité le laisse simplement nu. Comme je m'interrogeais sur la question de savoir quelle contrainte suffirait pour commencer, qui fût pénible sans trop l'être, j'ai consulté le rapport du docteur Almendros où il mentionne une souplesse suffisante chez l'enfant pour lui permettre de passer son talon sur sa nuque. Je lui ai ordonné de s'asseoir au sol et j'ai prié l'auxiliaire de lui mettre les talons sur la nuque, ensuite de les lier ensemble, puis de lier les mains derrière le dos, et enfin d'unir l'une à l'autre les deux ligatures en tirant sur le lien pour les rapprocher. Le suspect est demeuré en l'état aussi longtemps qu'a duré la visite du padre Alvaro Coehlo, avec qui je me suis entretenu longuement au parloir.

De retour et l'ayant fait délier, je l'ai exhorté encore une fois à faire des aveux, sinon je devrais recourir à une mesure plus sévère. Il n'a pas daigné répondre.

Bien que l'époque de son emploi soit révolue depuis des siècles, j'ai le privilège extraordinaire d'utiliser un instrument dont les conquérants portugais se servaient jadis contre les Indiens récalcitrants à la bonne parole.

Le commandant Pirès m'a dit que ce chevalet installé dans une cave de la forteresse est même inscrit au registre d'inventaire, qu'il est entretenu et graissé à titre de relique, et qu'en cette circonstance exceptionnelle la gendarmerie le met gracieusement au service de la religion.

J'ai prié l'auxiliaire d'y étendre le garçon, de l'y attacher par les quatre membres et d'actionner modérément les tourniquets, en sorte qu'il soit pour le moins bien tendu. J'ai recherché alors l'indice par le crapaud, pourvu d'une de ces bêtes que je m'étais fait apporter au préalable. Le crapaud, posé puis sautillant sur son ventre, n'a provoqué chez lui aucun signe de répulsion. J'ai conclu à l'indice probant, qui s'ajoute à la preuve par l'épingle.

J'ai renouvelé mes exhortations, en vain. Sur mon ordre, l'auxiliaire l'a fustigé avec une gerbe d'orties. Sa peau est sensible à la toxi-albumine. J'ai vérifié l'apparition des éminences rouges à bulbe blanc sur tout le corps. Ensuite je l'ai fait enduire entièrement d'huile. On a promené la flamme d'un brandon le plus près possible de la peau. J'ai établi la sensibilité au feu, par l'expression crispée du visage.

Ayant ainsi achevé les recherches de preuves et d'indices par les moyens en usage, puis noté les résultats contradictoires, j'ai clos la séance en aggravant de façon nette la contrainte exercée sur le corps. L'auxiliaire a manœuvré les quatre tourniquets fixés à chaque angle du chevalet, qui tirent les membres dans leur sens longitudinal, mais en étoile. J'ai cru que l'enfant allait parler quand il a ouvert la bouche, mais c'était une expression de souffrance. La texture délicate de sa peau ointe d'huile montrait parfaitement bien les structures occultes qui la soutiennent, d'os, de muscles et de tendons. La cage thoracique était visible dans tous ses détails, reliefs et rainures, jusqu'aux barres des clavicules, très dilatée et très abrupte où divergent les cartilages en forme de triangle, en haut du ventre très étiré. Ce spectacle instructif nous enseigne le confondant pouvoir élastique du corps avant la rupture, et en même temps nous oblige à déplorer que le Malin choisisse pour véhicule d'aussi vulnérables et jolis êtres.

J'établis à ce stade premier de la question qu'aucune parole n'a été prononcée par le suspect qui autorise à le déclarer pactisant avec le diable, et peut-être serai-je amené, si rien n'arrive au cours du second stade, conformément aux règles observées par la Sainte Inquisition, à rejeter la thèse de l'endurcissement et à le déclarer pur. Amen.

Selon les recommandations que Votre Excellence m'a fait parvenir ce matin par courrier de Manáos, dictées par la sagesse, à savoir qu'il vaut mieux chercher la vérité où le plaisir a résidé (celui de l'enfant comme celui de la foule), en cela qui a été l'objet véritable de la concupiscence populaire, autrement dit son corps et par prédilection son sexe ; à savoir qu'il le faut punir avec la dernière rigueur dans ce dont il a joui, l'offrant en tentation aux chrétiennes avec une impudeur absolue et une radieuse complaisance, parce que la mortification de l'objet du péché devrait conduire toute seule aux aveux, j'ai mis en place les instruments et les accessoires de la peine à infliger au corps et au sexe, et l'ai menée à terme.

Je n'ai pas mis l'enfant sur le chevalet, car il fallait qu'il fût libre de toutes parts afin d'être enlacé. J'ai en effet demandé la confection d'une corde en ronces liées bout à bout.

Le commandant Pirès a mis obligeamment à mon service les trois assistants que j'avais sollicités.

Et voici au plus précis quelles ont été les punitions : l'enfant, sans être au préalable dévêtu, amené comme d'habitude entièrement nu et tout préparé, a été suspendu par les poignets à deux anneaux scellés dans une poutre. Deux auxiliaires ont maintenu ses jambes fort disjointes. Le troisième assistant a accroché un bout de la longue ronce dans sa chevelure, puis l'a lovée de nombreuses fois, en décrivant une spirale, autour du buste, du bassin et de la cuisse gauche jusqu'au genou. Il a introduit dans l'anus un manche de cuillère en corne lisse oint au piment de Guyane. Il a lié à la racine le pénis et les glandes au moyen d'un lacet afin que celles-ci soient exposées plus commodément à la pratique. Je dois dire qu'à ce moment, en dépit de la stricte contrainte du lien mortifiant et comme pour s'insurger, le pénis juvénile a obtenu l'arrogance qui lui sert au péché. L'assistant a soumis l'organe gonflé au fouet d'orties. Tandis que les deux autres aides soulevaient les jambes le plus haut possible par les jarrets, de sorte à très ouvrir l'écart des cuisses dans cette posture dite de la grenouille, il a flagellé la fourche avec un faisceau de chardon (*carduus nutans*) cueilli contre le mur de la prison, frappant du bas vers le haut.

Il a déroulé la longue ronce ; il l'a enlevée du corps. Il a saisi un chaton noir (animal griffu intervenant en sorcellerie, figure de Belzébuth) au fond d'une corbeille et l'a accroché à la verge tendue en perchoir. Le petit animal y tenait passionnément de toutes les griffes de ses quatre pattes lorsqu'on voulait l'en décrocher, preuve que les formes du démon s'affectionnent entre elles. Après quoi, le vergeton a été oint d'huile au piment de Guyane.

Ainsi la série de punitions s'est achevée. Elles ont porté sur le corps et particulièrement le sexe avec ses alentours, en obéissance aux recommandations de Votre Excellence, mais je dois dire qu'elles n'ont pas donné le fruit attendu. L'enfant a gardé le silence. Il tremblait, criait, pleurait et saignait.

A la fin, comme nous étions éloignés de lui, le regardant pendu, piqueté, bouqueté et saignant de toutes parts, il a ouvert grand la bouche, poussé un gémissement et expulsé sa semence par saccades. Amen.

Moi, Lazaro Villa, pauvre pêcheur, hier quand venait l'aurore je suis sorti de ma cabane de Juruty pour partir aux poissons. Sur la plage en sable, ses jambes à moitié dans l'Amazone, se tenait un garçon de douze ou treize ans, nu. Il avait une façon de se tenir que les autres n'ont pas, comme s'il était un garçon et en même temps une fille. Son corps brillait comme la cire fondue sous la mèche. Sauf le respect que je dois à Dieu et aux gendarmes, sa forme était plaisante et quelqu'un aurait pu avoir envie de dormir avec lui, mais je suis un pauvre pêcheur et je pars aux poissons chaque matin sur l'Amazone. Alors il se tenait là, sans rien faire, tout seul, sans servir à rien, sur la grande plage de Juruty. Il avait dans sa main une grosse orchidée blanc et rouge. Alors j'ai vu venir une pirogue vide à la dérive, et je jure que de loin elle a tourné, elle est venue vers la rive, et elle s'est arrêtée dans le courant, juste devant lui. Il a regardé longtemps dans la pirogue, en penchant la tête de côté comme quand on voit quelque chose qui nous attendrit. Puis il y a posé l'orchidée blanc et rouge, et la pirogue est repartie. Il ne l'a pas suivie du regard pendant qu'elle s'en allait. Il s'est retourné, il m'a vu. J'ai eu un tremblement. Il avait l'air gentil, mais cette gentillesse me donnait de la frayeur. Il est venu vers moi comme un premier communiant qui aurait tout enlevé. Vite je suis rentré dans ma cabane, mais comme elle n'a pas de porte il a passé le seuil. Je m'étais assis sur mon vieux lit, où j'avais mis la corbeille aux hameçons. Tout autour sur les bords j'accroche les hameçons pour les petits ou les gros poissons, et dedans je mets les bouchons et les plumes de toutes les couleurs. « Oh, montre-moi ces jolies choses en couleurs » qu'il a dit avec une voix comme de la musique, et il s'est assis sur le lit, près de la corbeille qui était entre nous. « Prends la corbeille sur tes genoux, et explique-moi » qu'il a dit. Je l'ai fait et il s'est rapproché tout contre moi pour bien voir et bien comprendre. Je lui ai expliqué les hameçons pour l'anguille, l'amarança, le silure, le poisson rose, et aussi les flotteurs peints avec du plumage rose, orange ou jaune passé dans la bague, et il voulait tous les toucher. Il avançait sa tête sur la corbeille et se penchait tant que je ne voyais même plus ce que je lui expliquais. Son dos ressemblait à la peau de prune blanche en sentant le jasmin, et la forme de ses bras et de ses jambes me donnait mal au ventre. « C'est celui-ci que je choisis, si tu me le donnes » qu'il a dit en me montrant un flotteur avec un plumet de perruche. Je ne sais pas pourquoi, il a saisi la corbeille et s'est couché en travers de mes jambes pour la poser à ma droite sur le lit. Il a pris le flotteur qui lui plaisait et il l'a examiné en appuyant un de ses coudes sur ma braguette. Son dos s'étalait en travers de moi, avec son rang d'osselets et les grands os en relief de l'arrière des épaules. Et ce parfum de jasmin montait de son corps comme d'un verger. A cause de ce dos respirant, de ces bras plus doux que la fleur du magnolia et de ces cuisses en chair de prune qui bougeaient un peu turbulentes l'une contre l'autre, j'étais tout en feu et encombré malgré mon âge. Son coude remuait parce que sa main tournait et retournait le flotteur, mais comme exprès, et son omoplate glissait sous la peau couleur du lait frais foncé d'un peu de café, ses reins ondoyaient avec des reflets et ses petites fesses en se crispant jetaient des éclairs d'alevins dans une épuisette. Enfin, il s'est assis en se reculant pour s'adosser au mur. Je dois dire que, puisqu'il admirait le flotteur dont je lui avais fait cadeau, j'ai pu voir franchement son aiguillon dressé par petites secousses, comme si on le ferrait au bout d'une ligne. Sans savoir que faire, je lui ai dit : « As-tu faim ? Veux-tu un poisson frit ? » Il m'a répondu en regardant le flotteur : « Je suis le repas. » Puis il m'a dit en me regardant : « N'aie pas peur, viens. » Je me suis rapproché. « Assieds-toi contre moi, pose ta main sur mon genou. » J'ai obéi. C'était doux comme le velours d'une fleur. Ensuite il a dit : « Remonte ta vieille main le long de ma jeune cuisse. » Par tous les saints, jamais de ma vie je n'aurais cru qu'en touchant quelque chose de si frais je brûlerais comme en enfer.

«Vois quel joli poisson tu vas prendre une seule fois dans ta vie avant de mourir, homme pur et misérable.» Ma main restait au pli de la cuisse et du ventre, et je la retenais tant que je pouvais, parce qu'une force aussi grande que celle d'une ligne pour l'espadon, quand l'espadon est au bout, la tirait vers ce petit poisson raide qui sautait. Mais c'était un grand péché sans pardon, et plein de frayeur j'ai laissé l'enfant rose comme la braise dans ma cabane pour partir sur l'Amazone.

Par la copie que m'adresse le padre Alvaro Camoëns du rapport qu'il fait journellement à l'évêque de Manáos, j'ai eu ce matin connaissance des abominables tortures qu'on inflige à l'enfant. Camoëns, comme l'exige son rang subalterne, a reçu de l'évêque habilitation expresse pour exorciser, cependant il tient compétence des études qu'il a faites, et je considère qu'étant seul apte à bien juger en cette affaire délicate, il n'avait pas à interpréter les recommandations épiscopales comme des ordres. Celles-ci sont à l'évidence dépourvues d'humanité, ou plutôt elles ne seraient que cela si l'enquête portait sur un adulte, mais puisqu'il s'agit d'un enfant elles m'apparaissent d'une cruauté ignoble. En admettant que Camoëns ait eu le souci de ne pas déplaire à l'évêque et même de lui plaire, il avait toujours la ressource de s'en tenir à des peines tolérables. Tout au contraire, c'est lui et uniquement lui, seul responsable, qui a mis au point les espèces de peines à appliquer, en a disposé les instruments et accessoires, en a fixé l'ordre et guidé le déroulement, avec une telle imagination perverse que je me demande à présent où se trouve le démon.

Mis à part les dépositions spontanées qu'il faut impérativement considérer avec la plus grande suspicion, rien n'est à mettre à charge de l'enfant que l'exhibition de sa nudité et sa complaisance charnelle ; ce qui mérite qu'on l'admoneste et à la limite qu'on le fouette. Or entre les mains d'Alvaro Camoëns, il a subi un supplice dont les détails font frémir.

Moi-même je dois m'accuser d'avoir pensé un moment et consigné dans ce journal qu'il fallait recourir à l'exorcisme, et surtout d'avoir alerté Alvaro Camoëns à cette fin, mais je ne concevais pas qu'un exorcisme aujourd'hui pût prendre de telles formes dans ses préliminaires, et je ne concevais pas qu'un homme d'Eglise pût trouver en son cerveau de telles abominations pour tourmenter un gamin nu, attaché et maintenu par des sbires.

Dès ce matin j'irai voir Camoëns à la forteresse.

Quant au « témoignage » de ce pauvre pêcheur dont j'ai pris connaissance dans le bureau du commandant Pirès, on peut dire qu'il a le pouvoir grandiose d'infirmer tous les autres. La fabulation s'y démontre dans sa trouble limpidité. Comment l'enfant pourrait-il à la fois être aux mains de ses tortionnaires et prendre un bain de pieds dans l'Amazone ? Voilà qu'il a le don d'ubiquité !

285

Raison de plus pour convaincre Camoëns et Pirès de l'urgence d'en finir sagement avec cette affaire lamentable.

A Votre Excellence Alban de Branco, évêque de Manáos pour le bien de tous les fidèles, voici le quatrième rapport établi par votre humble serviteur Alvaro Camoëns, concernant le garçon.

Puisqu'il garde le silence, et avant que de trancher pour toujours entre le constat d'endurcissement et le constat d'innocence, j'ai décidé de lui faire prendre du datura, car l'ingestion de cette substance brise la volonté, délie la langue et révèle les visions.

Et voici : je l'ai fait amener puis asseoir sur une chaise. Après mes vaines exhortations l'auxiliaire l'a contraint à boire un demi-litre de bière de manioc où l'on a dissous le datura. Ensuite de quoi, il a été mis sur le chevalet, lié par les cordes et tendu modérément. Son corps portait les empreintes punitives : trous des transpercements de peau, griffures, écorchures, excoriations. J'ai fait prendre place au greffier avec son nécessaire.

J'ai prononcé sept fois l'Ave Maria, le Pater Noster et le Confiteor, afin que la répétition de ces douces prières l'amenât à résipiscence et contrition préalablement à l'effet de la drogue censée lui faire avouer ses péchés, mais voyant son mutisme opiniâtre j'ai ordonné qu'il en fût puni, de sorte cependant à lui conserver l'usage de la conscience, et d'une manière bénigne qui n'occasionne pas de lésions, par le tourment du lien; celui-ci consistant à lui nouer une mince corde en chanvre, assez longue, autour du ventre, sans la serrer, pour pouvoir transférer le nœud sous les reins; à faufiler la corde sous lui, toute l'amener, la ramener, la passer dans l'anneau de chanvre, et de cet appui où elle coulisse la tendre et tirer vers le bas, de telle façon qu'insérée dans la scissure des fesses elle y pénètre en rapport de la traction exercée. L'assistant, sur mon ordre, tirant de toute sa puissance, je me suis formé une idée de la pénétration intime par l'anneau si forcé qu'il entaillait les hanches, au contour de leur os pointé en éperon, et descendait triangulairement jusqu'au pubis. Ensuite l'on a noué la corde au cadre du chevalet pour laisser le garçon en état de se sentir scié par le fondement.

Comme il ne semblait pas que cela le fît souffrir outre mesure, ni parvenir à contrition, j'ai fait dénouer la corde du cadre du chevalet, et la nouer au tourniquet médian placé derrière la tête (qui devait servir à l'étranglement), puis manœuvrer le tourniquet à fond. L'anneau de chanvre tendu par-derrière désossait presque les hanches, cramponné à leurs crans, et portait la pointe de son triangle, où il y avait le nœud, jusqu'où les fesses prennent naissance. J'en ai déduit que la corde entrait au plus profond possible, laçant la fourche osseuse jusqu'à l'inciser puis disjoignant les genitalia, mais au sur-

plus, pour parfaire chez le garçon le sentiment de disso-
ciation, j'ai jugé opportun qu'on tire encore les jambes
par les tourniquets, si bien qu'à faire ce simulacre de le
démembrer on pouvait voir les muscles adducteurs, qui
plongent à la fois dans le bassin et les cuisses, saillir en
gerbes élastiques toutes tressaillantes. Encore une fois
j'avais le poignant regret de voir la vie si jeune, si apte
à fonctionner, être la demeure de l'Ennemi du genre
humain.

Enfin j'ai ordonné qu'on ôte le lien, sans que l'enfant
eût émis autre chose que des plaintes légères, et peut-être
était-il si peu dolent, quoique endolori avec méthode,
parce que l'alcool et le datura faisaient anesthésie.

Au bout d'un quart d'heure à ma montre, sa langue
s'est déliée et voici ce qu'il a dit :

« Je vois l'accouplement de Dieu avec lui-même, et
jaillir et s'enrouler la semence de Dieu qui forme l'œuf
du monde. L'homme est comme une épingle perdue
dans une Amazonie sans confins. Mais je sais les confins.
C'est la circonférence ovale, l'enroulement du sperme
glacé de Dieu, l'inconcevable serpent de l'énergie. Lui,
l'ensemenceur, le grand serpent ancien, il est mort. C'est
dans l'épingle qu'il continue, dans son germe, la vie. »

Il s'est tu un instant, puis il a dit :

« Quelqu'un est venu. Il a sorti de sa bouche des orchidées sacrées. Il les a dispersées au vent. Quelques-uns
les ont recueillies du vent et rangées dans un livre. Attris-

tez-vous, car avec votre langue vous les avez pétrifiées !
Il a dit, et puisque vous ne pouviez le renier vous l'avez
travesti. Le verbe est le cadavre de la semence, si l'amour
ne l'anime. Vous exécrez ce qui est beau, et l'enlaidissez.
Vous haïssez ce qui est pur et exultez à l'avilir. Vous
suppliciez l'enfant. Vous abattez les arbres. Vous massa-
crez les animaux. Vous empoisonnez la terre. Vous
n'aimez personne et n'aimez rien. Les petits jaguars
se suspendent aux branches, les piranhas frayent, les
oiseaux chantent, les plantes germent, les étoiles tour-
nent, et vous ajoutez pierre sur pierre aux tours de pierres
que vous avez faites avec le verbe. Vous contrevenez,
transgressez et désobéissez. Les paroles sont la proie du
vent, et les livres la proie de la poussière. Dieu, le serpent ancien, n'a pas changé de peau, il est mort. L'anneau de sa semence glacée enferme l'œuf du monde.
Il se survit dans le germe qu'il a déposé, il se survit
en Dieu nouveau, or c'est moi ce Dieu nouveau, et ce
Dieu nouveau c'est vous. »

Il s'est tu un instant, puis il a dit :

« Ce que j'ai au bas du ventre et en haut de mes
cuisses, c'est par quoi le Dieu nouveau se reconduit.
Autrement il n'y aurait que les bêtes adorables et les
plantes ravissantes pour le reconduire. On a dit que ce
qui est en haut ressemble à ce qui est en bas, et ce qui
est en bas, en haut, mais ce ne sont là que des pierres
encore. Rien n'est en haut ni en bas, tout est rond. L'œuf

tourne, et nous, le germe dans l'œuf, avec lui. Caressez mes cuisses au lieu de les supplicier, car les enfants demandent la tendresse. Ma bouche a le goût du lait frais et du citron vert. Embrassez-moi, que je vous guérisse d'être morts. Mais vous contrevenez. Vous êtes les hommes du fer, armés de fer. Vous brandissez la croix de fer, vous plantez vos champs de fer. Vous vous accouplez et forniquez avec le verbe défunt. Vous pénétrez un cadavre. Le verbe est comme un homme qui s'appelait Lazare, il reste mort s'il ne reçoit souffle et semence. »

Il s'est tu longtemps, puis il a dit encore :

« Je suis l'enfant annoncé par Isaïe. »

Comme il ne prononçait plus une seule parole, je lui ai posé quatre fois la question : « Nies-tu l'existence du Dieu vivant, habité par l'Esprit saint ? » Mais quatre fois il n'a rien répondu. Au demeurant, l'abondance et la gravité de ses aveux suffisent dans une large mesure à le juger coupable. Je l'ai encouragé au repentir sans obtenir qu'il desserre les dents. Aussi j'ai prié l'auxiliaire de manœuvrer les tourniquets d'une manière beaucoup plus notable que la veille. Il a fortement procédé pour chaque bras et chaque jambe. Les bras allaient dans le sens de se disjoindre du muscle de l'épaule et du creux de l'aisselle, et d'y rompre leur insertion. La poitrine avait tout son échelonnement en saillie. L'équerre cartilagineuse forçait la peau sur son arête soulevée, jusqu'à la dernière côte, et sur chaque flanc toute l'armature saillait en herse. Les éperons des grands os des hanches pointaient à la limite du percement. Le ventre était cavé. Tous les muscles qui vont en long ou en travers, s'attachent aux aines ou s'attachent à l'arcade, transparaissaient dans les cuisses, et l'on voyait bien comment les plus grands se joignent au genou et s'y insèrent. Le ventre cave a été ceinturé, dans la partie centrale où il n'y a que la mollesse des viscères, au moyen d'une fine courroie assouplie à la graisse et tant tirée à travers sa boucle qu'il s'est amenuisé au moins de moitié, et l'on aurait bien pu l'amoindrir encore si la boucle à crochets ne s'était prise dans les fronces de la chair. En cet état de distension extraordinaire le corps a été flagellé.

L'objet du plaisir, qu'il n'a pas seulement arboré en public et offert à la convoitise des femmes, mais dont encore il s'est glorifié pendant ses aveux, a été puni par ligature, y compris les glandes, avec un lacet, ce qui a dressé et cabré son fuselage en signe de rébellion. Afin d'empirer la peine infamante de ce sexe d'abomination, j'ai ordonné qu'on lui affale la peau jusqu'à la transparence, jusqu'à ce que la bride ne le veuille plus, maintenant qu'il était raidi et accru dans sa longueur, puis qu'on l'étrangle à forte poigne. Ensuite les glandes bouquetées à outrance par le lien ont été distordues afin qu'à travers leur gousset elles apparussent nues comme des œufs pour recevoir les gouttes de cire fondue.

A nouveau, je l'ai exhorté au repentir, mais n'ai pu qu'établir derechef le complet endurcissement.

Aussi j'ai prié l'auxiliaire de tenailler le pénis bien surgi du ventre, très tendu et fort exposé à la pratique, et de faire le mouvement, avec la tenaille, de le distordre, infléchir et arquer, bien qu'à cause de la rigidité acquise ce ne fût pas chose possible.

J'ai observé qu'en dépit des atteintes aucune grande veine n'était rompue, et que ni l'étranglement du lacet ni le tourment n'empêchent l'érection démoniaque, par quoi Belzébuth copulateur accomplit ses œuvres. Aussi je suis intervenu en personne pour renverser la puissance aberrante et j'ai basculé le membre dans le sens opposé au sens qu'il avait, en affalant à outrance la peau, tant que je ne saurais décrire la pourpre, l'arrogance et l'ouverture avide qu'il obtenait en rapport de mes efforts mêmes. Il faut bien nous souvenir que le démon s'enhardit des propres forces de la piété, qu'il les incorpore pour les rendre siennes.

Alors qu'en personne je forçais le pénis dans son sens inverse, et plus qu'à l'extrême dans le sens descendant de sa coulisse jusqu'à rompre la bride, impuissant à juguler son orgueil toujours pire, qui l'offrait davantage au supplice au lieu de l'y soustraire, qui l'élançait vers la représaille et semblait vouloir l'éradiquer du pubis, l'évulser de ses articulations, j'ai demandé qu'on tracte encore d'un tour avec les tourniquets. J'ai vu la fine musculature des bras et des cuisses s'épurer en stricts faisceaux presque translucides, la cage oblongue du torse parfaitement démontrer la forme des deux poumons qu'elle emprisonne, et la taille amincie donner du jeu au cercle de la courroie, qu'à l'instant j'ai ordonné qu'on serre autour de la nouvelle circonférence. Laquelle avec son lien ne se voyait plus, enfouie par la chair élastique, mais devait équivaloir à celle d'un bras d'homme.

Le garçon poussait des cris et des plaintes à coup sûr feints, puisque l'obscène jouissance s'invétérait. Ne sachant plus comment en avoir raison, j'ai flagellé le pénis jailli en arc et les glandes bombées en prune, dont les boules fortement couplées surabondaient de venin dans la folle persévérance du mal, avec le chardon. Votre Excellence ne saurait concevoir à quel point chaque battue de la tige épineuse, des feuilles en fer de lance et des bractées exaspérait l'aiguillon dans sa morgue et les glandes dans leur bond, qui sautaient avec lui comme une prune vénéneuse à sa branche secouée par la bourrasque.

Quand j'ai suspendu la peine l'enfant a eu un grand gémissement, et son sperme a giclé, rougi de sang.

Il a prononcé : « J'ai dit. »

On a ôté la ligature, on l'a délié des cordes et descendu du chevalet, mais l'auxiliaire a dû le porter dans la cour, car il ne pouvait plus marcher.

Commentaire et conclusion : le commentaire est presque superflu, devant l'ampleur des aveux recueillis par le greffier. Nous ne sommes pas en présence d'un cas banal d'hérésie, mais du satanisme absolu. Au hasard de cette profération incohérente sous l'effet de l'alcool et du datura, fleurissent quelques blasphèmes épouvantables, revient d'une façon symptomatique la célébration du sexe, et reviennent ces affirmations horribles selon lesquelles Dieu était un serpent, qu'il est mort, qu'il y a maintenant un Dieu nouveau et que c'est lui. On a peine à imaginer la profondeur de ces abysses.

Tout ajouté : le délit de se laisser dévêtir par les femmes et par les enfants, le délit de consentement à une proposition lubrique sans avoir l'âge de se marier, le délit de fréquenter les fauves, le délit de jouer avec un serpent, le crime de se vautrer dans une église et d'y séduire en état d'érection une religieuse vénérable, le faisceau des témoignages dont à présent on ne doute plus, et le fait, à ne pas négliger, qu'il tient du garçon comme de la fille, qu'il a le charme du corps opérant sur tous, qu'il est doux de peau, pur de forme et gracieux, me conduisent à voir en lui une image incarnée de l'ange Lucifer.

Bien que je doute à titre personnel de l'efficace de nouvelles exhortations au repentir, je dois m'en remettre à la persévérance de l'Eglise, à ses efforts patients pour assurer le salut à une âme qui se perd, et continuer d'être son fidèle instrument.

Afin que l'enfant soit à la fin purgé de l'emprise du diable, il faut qu'il y soit amené, en même temps qu'avec des prières, au moyen d'une souffrance plus grande accompagnée d'une exhibition ignominieuse. Aussi, je recourrai à l'épreuve qui était d'usage au temps des conquérants portugais à l'encontre des sorciers et sacrilèges.

Il devra être conduit ou porté au cimetière de Parintins, lieu public et à découvert où chacun pourra le voir ; attaché aux branches d'une croix, ses bras passant derrière et liés par cordes, afin d'éviter la suspension et l'asphyxie (le contact avec la croix du Sauveur étant de nature propre à le délier de ses liens infernaux) ; lesté d'un cercueil à chaque pied, sans couvercle, suspendu dans une fosse vide, qu'on lestera lui-même chaque jour d'un certain nombre de pierres pour augmenter le poids (la traction accrue vers la fosse devant éveiller sa conscience au sort promis à toute créature) ; et enfin transfixé dans la couche du derme, où l'on voudra sur le corps, *ad libitum*, peut-être au voisinage, si l'on préfère, de l'objet du péché, par des épines d'euphorbe brillante (deux le premier jour, quatre le deuxième, six le troisième, selon un calendrier) car il s'agit de véritables fibules fort aiguës.

S'il demande à boire de l'eau, on lui donnera du vinaigre. Amen.

Moi, Estella Valdemosan, fille placée de bonne famille, je servais au repas en plein air, dimanche avant Pâques, dans une plantation près de la forêt, où l'on fêtait les soixante ans de douze dames dont je ne veux pas dire le nom. Ces dames mangeaient et buvaient sans être de bonne humeur le peu qu'il y avait sur la table, parce que la plus riche, qui devait apporter une bonne part des victuailles, n'était pas venue. Plusieurs d'entre elles se sont exclamées ensemble en pointant le doigt, toutes les autres se sont retournées, et on a vu un garçon privé d'habits du dimanche, et même d'habits de semaine, et même d'une simple culotte qu'il aurait pu avoir s'il allait se baigner dans l'étang. Il était tellement beau qu'on aurait dit un ange sans ses deux ailes. Ses formes avaient la finesse et le brillant de l'ange d'ivoire qui orne l'église d'Orixima. Quand il s'est approché de nous, son corps avançait de telle façon que chaque pas montrait toutes les lignes et toutes les courbes dont il était fait, et comment elles bougent ensemble. Il souriait gentiment. « Que fais-tu ici ? a demandé une dame qui est allée à sa rencontre, viens-tu te baigner dans l'étang ? — Non, a-t-il répondu. — Ce n'est tout de même pas une tenue pour se promener, et encore moins pour entrer dans une propriété. En admettant même que tu viennes te baigner dans notre étang, nous n'y sommes pas opposées, mais alors il faut mettre une culotte, surtout le dimanche » lui a dit cette dame. Il restait muet et regardait l'herbe.

Toutes les autres vieilles dames s'étaient levées de table pour le voir de plus près. Elles commentaient l'événement. « A-t-on idée d'aller ainsi en pays chrétien ! Même les sauvages se mettent des fougères ou des perles. — Oh, ce n'est pas bien grave, il est juste à la limite de l'enfant et du jouvenceau, son pubis est lisse comme du savon. — Moi, il ne me choque pas, étant donné l'âge qu'il a et l'âge que j'ai. — Il est bien joli, en tout cas. » Une dame lui a demandé : « Mais enfin, dis-nous donc pourquoi tu es là ! — J'erre en attendant le jour de m'en aller, qui va venir. » Les dames se sont regardées toutes effarées, et quelques-unes se sont mises à rire. « Veux-tu manger des dattes ? a proposé l'une d'elles. — Je suis une datte nourrie à sa propre éternité. — Eh bien, c'est tout le contraire de nous, qui avons une faim d'ogre ! » La bonne humeur se répandait, j'entendais des rires et même des grivoiseries. « Ne reste pas planté là, on t'invite parmi nous. — On te fera une petite place sur le banc. — Nous fêtons toutes notre anniversaire. — Tu boiras du jus de mangue ou du vin. » Ensemble elles lui parlaient en l'emmenant par ses beaux bras. « Ne serait-il pas plus convenable de lui nouer une serviette autour des reins ? — Non, ma chère, tel il est venu, tel il reste. — On ne doit pas toucher à la nature. — Quel adorable divertissement ! — Si le padre venait, on lui dirait qu'un ange nous est tombé du ciel. — Non, le padre n'apprécierait pas. — Il faudrait alors lui mettre un torchon, ou le cacher à la cave. — J'aimerais bien qu'on le place entre la présidente et moi, qui suis la doyenne. — Oh, ce n'est pas juste, c'est moi qui l'ai accueilli la première ! — Viens ici, mon petit. — Non, installe-toi ici, contre moi. — S'il n'y a pas assez de place, je veux bien qu'il passe une jambe sur ma robe. — Alors, qu'il passe chaque jambe sur les genoux de ses voisines, toutes les places sont prises ! » Elles se le disputaient en lui tirant les bras. Certaines en profitaient pour lui flatter toute la chute de son dos brillant jusqu'aux fesses, puisqu'on voyait bien qu'il était simplet. « Mais d'abord, dis-nous qui tu es » a dit la doyenne. Il a répondu : « Je suis la nourriture, pour être consommé. » Toute l'assemblée a eu le fou rire. « Dans ces conditions, si d'une part tu n'as pas faim, si d'autre part nous avons peu de chose à nous mettre sous la dent, et si d'autre part encore tu te prétends consommable, alors c'est toi qui seras mangé ! — Il est venu pour être consommé, consommons-le ! — Pour ce faire, sa place n'est donc pas sur le banc, mais sur la table ! — Disposons-le au milieu ! » Tout en riant comme des folles, elles s'affairaient autour de la table pour ménager un emplacement qui suffise à le recevoir. Une fois place nette, elles l'ont poussé contre le bord de la nappe et lui ont dit : « Allez, monte sur la table et couche-toi. — Il faudrait qu'il s'étende sur le flanc, pour qu'on mange des deux parts. » Docile, au lieu de choisir la façon la plus commode, c'est-à-dire s'asseoir d'abord, le garçon a monté l'une après l'autre ses longues cuisses crème pour s'agenouiller, puis il a pris l'attitude voulue, et jamais dans ma vie de jeune fille placée je n'avais vu, à la place du ragoût de pécari, un garçon sans linge, nu, si doré, si lisse et si tendre, disposé comme un lapin au beurre. Alors, avec saisissement, j'ai vu les vieilles dames les mieux placées se ruer sur le corps et entreprendre de le consommer. Deux mordaient les hanches avec leurs chicots. Deux autres happaient la cuisse repliée. Une cinquième soulevait le mollet, pour y mordre, comme un pilon de poulet. « Oh ! Regardez donc ce sucre d'orge ! s'est écriée l'une d'elles, mettons-le vite sur le dos ! » Elles ont basculé le garçon. J'ai entrevu son pénis dressé, mince et sautillant. Promptement la dame l'a englouti. Elle le suçait avec sauvagerie en le tenant à la base entre ses doigts lourds de bagues. Sa voisine rapace a gobé les petites coques. Une autre a osé prendre sa belle bouche ouverte, y a fourré sa langue et aspiré voracement la salive. Beaucoup d'autres, ayant trouvé place autour du jouvenceau, s'acharnaient sur son ventre bien lisse dont elles essayaient de soulever de petits bourrelets avec leurs ongles, et sur ses cuisses de préférence, tirées vers chaque bord de la table, qu'elles grignotaient tête contre tête comme de savoureux épis de maïs. Les moins favorisées mordillaient ses bras en croix, rongeaient ses genoux, croquaient ses orteils et léchaient ses talons. La dame gloutonne se délectait du sucre d'orge, qu'elle quittait chaque fois tout du long puis absorbait à nouveau, avec le mouvement risible d'une vieille poupée mécanique, jusqu'à ce qu'un jet de nacre immaculée lui gicle sous le menton et inonde son crucifix en sautoir. Je n'apercevais plus que les cheveux de cette nourriture.

Assez longtemps elles se sont repues, et enfin la doyenne a donné le signal de cesser. Elles se sont toutes reculées de l'enfant inerte, qui semblait n'avoir plus connaissance. Le corps était complètement écarté sur la nappe en désordre et le bois apparent. Il était rougi sur les parties les plus mordues, couvert de bave, morve, griffures d'ongles et de bijoux, pinçons et traces de sang. Mais une lumière à lui le baignait, douce, comme celle d'une lune plus forte que le soleil.

Les vieilles dames ont eu peur. Elles ont débarrassé la nappe des reliefs du repas, de sorte qu'il n'y est plus resté que le garçon, nu comme l'amour. A plusieurs elles ont empoigné la nappe par ses coins et ses lisières, et transporté dedans le corps consommé jusqu'aux abords du domaine, où elles l'ont déversé sur la terre.

Moi, Juanita Oxacal, j'ai tout vu depuis la première jusqu'à la dernière heure, et j'en rends témoignage pour servir la vérité dans l'esprit de Notre-Seigneur. Deux soldats ont amené l'enfant sans nom, par les rues de la ville, au cimetière de Parintins, sans rien lui avoir mis, en le soutenant parce que ses jambes ne le portaient plus. Ce ne sont pas les soldats qui l'ont lié à la grande croix de pierre, le commandant Pirès ayant dit que ce n'était pas leur rôle dans une affaire religieuse. C'est le sacristain qui lui a serré la corde sous les aisselles et l'a envoyée par-dessus une branche de la croix pour qu'elle retombe derrière, et ce sont les deux anciens forçats qui ont tiré la corde pour le soulever. Ensuite, le sacristain a grimpé par une échelle au sommet de la grande croix de pierre et l'y a attaché par les bras et les épaules. Devant la croix c'était la terre battue, mais de chaque côté il y avait une tombe vide, où l'un des deux forçats et le sacristain sont descendus pour suspendre un cercueil ouvert à ses jambes, déportées à cause de l'écart des tombes.

Le padre Camoëns s'est avancé, a ouvert un livre et a prononcé la prière d'exorcisme. Au bout d'un long silence il a remis deux épines d'euphorbe au sacristain, en lui disant de les piquer dans l'enfant où il voulait. Le sacristain est remonté à l'échelle, et de derrière la croix il a fixé la première épine comme une aiguille à coudre dans la peau du flanc, puis, en se penchant et entourant le corps avec son bras gauche pour mieux voir, il a planté la deuxième épine et l'a fait ressortir, comme quand on faufile, où le ventre finit dans l'aine. L'enfant a poussé un grand cri. Son corps tendu a eu un sursaut, puis s'est relâché.

301

Le padre Camoëns, le sacristain, les deux anciens forçats et les deux soldats sont partis. La foule est restée
muette, dans l'attristement. Le padre Coehlo priait, à
genoux sur la terre. Moi aussi je me suis mise à genoux,
entre les deux tombes, et par la suite je n'en ai guère
bougé. C'est là que j'ai dormi. Parfois je m'en allais
pour boire un peu d'eau.

Donc, tout le jour on l'a laissé ainsi, au grand soleil,
quand il n'y avait plus personne pour regarder. Son corps
était couvert de poussière et d'écorchures. Les deux
transpercements avaient produit du sang qui descendait
par longs filets bruns, que le soleil avait durcis. La respiration faisait tellement saillir sa poitrine qu'on aurait
cru que les côtes allaient passer à travers la peau. Et il
devait bien souffrir de l'écart entre les deux tombes, qui
déportait ses jambes loin l'une de l'autre, comme du
poids des cercueils qui les tirait et disloquait leurs jointures. Sa tête tombait. Ses cheveux allaient dans tous
les sens. De temps en temps il gémissait.

Donc, toute la nuit on l'a laissé ainsi, sous la lune.
L'humidité nocturne l'a trempé. Au matin, le padre
Camoëns est revenu, précédé de deux enfants de chœur
qui encensaient et suivi du sacristain, des anciens forçats
et d'un peu moins de foule. Devant la croix il a dit :
« *Vade retro, Satana.* » Comme l'enfant anonyme gardait la tête basse et la bouche ouverte sans rien dire, il
a donné un ordre aux forçats. Ils ont sauté chacun dans

une tombe, ils ont mis de grosses pierres à l'intérieur des cercueils. J'ai entendu leur fracas sur les planches, et j'ai vu les cuisses de l'enfant tendues comme des cordages qu'un bateau tire du quai. Il était découpé à fond. A ce moment, le vent a soufflé, et embaumé le cimetière d'un parfum de jasmin. Le padre Camoëns a remis au sacristain quatre épines d'euphorbe en lui disant : « Transperce où il a péché. » Le sacristain a gravi l'échelle, les épines à la bouche. Il a perforé la petite bourse qui enferme la semence, entre les deux glandes, puis par le travers à l'attache du gousset. Il a infibulé le capuchon, et pour finir le petit pénis de part en part. De là beaucoup de sang a coulé comme d'un lapin qu'on saigne. L'enfant a eu un cri au premier transpercement, puis a perdu conscience. La foule exprimait une rumeur. Des gens réclamaient le pardon, d'autres affirmaient voir le diable. Le padre Coehlo prosterné disait son chapelet. Je pleurais.

Tout le monde ou presque est parti. Il est resté une vingtaine de personnes, au grand soleil, dans l'odeur de l'encens, qui regardaient en badauds ce garçon nu couvert de sang. Ce devait être les plus hostiles, car trois d'entre elles, vieillardes en noir, se sont glissées dans les tombes comme des serpents pour ajouter leur lot de pierres. De tout près que j'étais, presque sous lui, je lui ai dit : « Ils veulent te faire mourir, mon pauvre agneau. » Alors il m'a répondu : « Je ne peux pas mourir, et un instant plus tard (...) Je suis la vie. Je commence, je finis, je recommence. »

Dans l'après-midi, j'ai entendu une rumeur dans le groupe qui assistait au supplice. Je me suis retournée et j'ai vu les gens effrayés reculer pour faire passage à un Indien. C'était un géant, ceint d'un pagne rouge, coiffé de plumes rouges, bleues et vertes, armé d'un arc et d'une flèche. Sans un mot il a tendu l'arc et décoché la flèche, qui est venue se planter au milieu du garçon, en plein cœur. Puis il nous a tourné le dos, et sans hâte il est parti.

Voilà ce que j'ai vu, du commencement à la fin, et tant que je vivrai, partout où j'irai, à tout le monde je raconterai l'histoire.

Parintins, mardi 21 avril 1908.

Je prends la plume pour vous écrire, monsieur le maire, soucieux d'apporter mon témoignage véridique dont vous jugerez de l'utilité ou du profit dans l'affaire de l'enfant qui occupe votre commune. N'ayant rien omis pour l'amour de la vérité, j'espère qu'aucune remontrance ne sera faite à ma famille.

De par mon baptême nommé Joao Eixeros, de par les études que j'ai faites professeur d'histoire à Santarém, de par vocation poète publié, ami de Raymundo Corrêa, et enfin, de par la présence de ma sœur à Parintins, résidant chez elle pour les vacances pascales, j'ai été le témoin et le participant, fortuitement ou non, d'une scène qui semble avoir rapport direct avec le cas dont on parle. Donc, le lundi de Pâques, étendu en chaise longue dans la véranda vitrée, face au jardin, lisant un recueil de Casimiro de Abreu, tandis que ma sœur s'activait au repas avec ses domestiques et que mes nièces, âgées de quinze et quatorze ans, jouaient en la maison, j'ai levé songeusement les yeux du recueil et aperçu l'irréel. Permettez-moi de vous prier de comprendre qu'étant homme à cultiver la poésie, sensible aux irréalités, amoureux de l'insolite et tolérant, émergeant au surplus d'un recueil de vers où je m'étais plongé, je me suis plu à observer cette scène au lieu de crier à l'intrus comme n'importe qui l'aurait fait. Car il s'agissait d'une présence étrangère dont en principe on peut craindre, surtout s'il y a des jeunes filles, mais je m'empresse d'ajouter qu'elle était parfaitement pacifique : sur l'escarpolette suspendue à la plus basse branche du cèdre pour le divertissement de mes nièces un garçon inconnu était assis, sans se balancer. L'étrangeté poétique de l'image, chère à mes penchants, provenait de ce qu'il était tout nu, et beau comme il n'est guère coutumier qu'un enfant le soit, sinon dans les chimères, et qu'à ses pieds, parmi l'herbe jaune, il y avait un quetzal, un tamanoir et un jabuti, et qu'à la branche où pendait la balançoire un très grand serpent déroulait ses anneaux. Je ne saurais dire à présent si je suis demeuré longtemps à contempler ce qui avait tout l'air d'une illusion, ou si je suis sorti sans trop attendre, de peur que cet enfant ne se fasse mordre par le reptile. Quittant alors la véranda et m'approchant du cèdre, ce n'était pas pour enjoindre à l'importun d'aller hors du domaine, mais pour le prévenir d'une menace mortelle dont il semblait loin de se douter. Aussi lui ai-je dit : « Attention au serpent ! » Mais c'était comme si, criant, je n'eusse aucune voix, car ce garçon me dévisageait dans une sérénité parfaite. A mon approche, méfiants, les animaux se sont éloignés. Vous aurez sans doute peine à croire qu'au lieu de gourmander un chenapan, de le réprimander pour avoir violé une propriété privée en tenue contraire aux bonnes mœurs (bien qu'à cause de son âge candide cela n'eût rien de déplaisant), je suis resté bras ballants à le regarder. Cela n'avait aucun rapport avec la réalité de la fazenda, même brouillée par l'influence magique des poésies de Casimiro de Abreu. C'était, comme certains ont tout à coup une crise cardiaque, mon transfert d'un monde décevant à un autre conforme à mes rêves profonds, à des rêves d'Eden pleins de désirs d'enfants dont la vie m'a privé. Celui-ci, sur l'escarpolette, se balançait à peine. Quelque chose rendait impossible que je soutinsse le regard sombre, doux, ombré de longs cils en velours, qu'il portait sur moi. Ses bras fléchis tenaient les cordes, son buste avait le délié d'une liqueur qui s'écoule toute pure, son ventre joli répandait une lumière, ainsi que ses cuisses à plat sur la tablette d'acajou, minces, aplanies et galbées. Il n'y avait pas seulement qu'il montrait les formes les plus justes du monde, auxquelles le poète aspire et n'accède pas, mais encore une onde les parcourait, un halo, un nimbe émanait d'elles comme le parfum émane de la fleur d'oranger ou l'arôme d'un poisson cuit au fenouil, qui créaient une appétence déviée du sens de la nature. M'éveillant en quelque sorte, je lui ai demandé pourquoi il était là. Sans daigner répondre il a incliné la tête vers l'une de ses petites mains tenant la corde et l'y a appuyée, tandis que son regard sombre et tigré comme une jungle en velours m'aspirait vers ses formes nues sur la balançoire avec la puissance d'un ensorcellement. « Vous, les hommes, vous tuerez la terre » m'a-t-il dit, sans que je fusse préparé à l'entendre. « Qui es-tu ? D'où viens-tu ? Où vas-tu ? » l'ai-je interrogé. A quoi il a répondu que c'étaient les questions qu'il me fallait poser à moi-même, et que nous devions tous nous les poser, sauf lui. De cette réponse j'ai induit qu'il y avait en lui une certaine sagesse, ou une certaine tendance à la sagesse, peu conciliable avec son jeune âge et encore moins avec sa séduction, pure et ambiguë. Entre nous il y avait juste quelques mots et tellement de silence, pendant lequel je sentais qu'il me regardait au visage, qu'il le scrutait, alors que je gardais les yeux baissés sur son corps, me demandant comment il était possible que ce corps fût si conforme à mes rêves de corps d'enfant. J'essayais de trouver une réponse et je crois bien l'avoir pressentie, mais pas toute : ce corps était celui d'une fille comme d'un garçon, juste avant la différenciation, il exerçait la séduction primordiale, il avait la puissance attractive du dieu complet en soi, beau et belle, sur l'espèce partagée.

Mes nièces Isabella et Tess, endimanchées, sont alors survenues à la porte ouverte de la véranda, puis, après un instant de stupeur et de confusion, se sont rapprochées côte à côte dans leurs jolies robes blanches et, d'un mouvement irrésistible, agenouillées aux pieds du garçon pour lui prendre chacune un de ses genoux brillants, pour lisser chacune une cuisse brillante, avec un dévotieux ravissement. « Moi, je suis venu pour la nouvelle alliance de l'homme, de l'arbre, de l'oiseau et du serpent, et de moi l'homme n'a pas voulu, il n'a su que m'infliger la marque de son pouvoir suprême, la mort, par quoi seul il se prétend vainqueur, quand moi je tiens la mort en mon pouvoir, puisque je l'incorpore, et qu'elle et moi ne faisons qu'un même corps. » a-t-il dit. J'étais immobile à le voir et entendre, ayant toujours en main le recueil de Casimiro de Abreu, pendant qu'Isabella et Tess caressaient avec dévotion ses cuisses brillantes, jusqu'à ce qu'enfin son jeune membre (je dois par force en témoigner) prenne vigueur et devienne droit comme une prêle. Sans honte aucune Tess l'a saisi et bécoté. L'enfant, tenant des deux mains les cordes, faisant basculer la tablette d'acajou, a touché l'herbe du bout des pieds, presque suspendu, luminescent et cambré avec son fuseau un peu fléchi au gland, comme un bec, à cause de l'étroitesse du capuchon, que mes nièces privées de décence ont recommencé à baiser, sans que j'eusse même l'idée d'une protestation. « Par la semence, a-t-il dit, la semence de vie, ne donnez-vous pas la mort, et ne voyez-vous pas que la mort vit de la vie reconduite ? Qu'avez-vous à vous plaindre ? Mais voici : rien ne finit où vous le voyez, rien ne finit si vous êtes dans l'alliance, autrement tout finira. » Il a lâché les cordes de la balançoire et s'en est allé dans l'herbe jaune, vers l'Amazone, en l'état où mes nièces, par leurs caresses, l'avaient mis, suivi du grand serpent, du quetzal, du tamanoir et du jabuti.

Sur son corps j'avais remarqué toutes sortes de stigmates : écorchures et coupures guéries, profondes traces de liens aux chevilles et aux poignets, autour du ventre, et une entaille à la place du cœur.

Paroisse de Santarém, le dimanche après Pâques.

Alors que je faisais mes dévotions à Notre-Seigneur Jésus ressuscité, ce matin vers sept heures, des voix au-dehors m'ont appelé. Mes frères les pêcheurs avaient trouvé un mort sur la plage de Paricatuba. J'ai accouru et constaté ce qui suit : sur le sable une pirogue était échouée, dedans il y avait un homme mort depuis moins d'une heure, car son corps était tiède (le docteur Vasquès l'a confirmé). Il n'avait aucun papier sur lui, seulement une orchidée blanc et rouge toute fraîche — chose bien curieuse. Le docteur Vasquès a écrit sur le permis d'inhumer : mort du vomito negro. J'ai demandé à Ernesto qu'il creuse une tombe au cimetière, et le défunt a été enterré. Cette macabre découverte a bouleversé les gens des bords du fleuve, où il ne se passe jamais rien. Or comme je le leur ai dit à la messe : autant l'incident vous trouble, autant la monotonie doit vous troubler, car chaque instant Notre-Seigneur a l'œil sur vous. Il est sur vous comme l'œil du soleil et vous dit : N'essayez pas de convoiter la femme du voisin, ne lui volez pas ses casabes, craignez le Jugement dernier.

Que le Seigneur Jésus nous protège, qu'il nous ait en Sa sainte sauvegarde, nous tous, les habitants très chrétiens d'Amazonas, les riverains du grand fleuve !

TABLE DES MATIERES

Eldorado 7
Amor 53
Onça 99
Inès 145
Anunciação 193
Crucificação 243

Cet ouvrage a été réalisé par la Getis
pour le compte des Editions Ramsay
et achevé d'imprimer par l'Imprimerie S.E.G.
33, rue Béranger
92320 Châtillon-sous-Bagneux

Numéro d'édition : 2259
Numéro d'impression : 4602
Dépôt légal : février 1990